Ottawa and Chippewa Indians

of

Michigan

1855 - 1868

Including Some Swan Creek and Black River
of the Sac & Fox Agency
for the years
1857, 1858 and 1865.

Compiled and Edited

by

Raymond C. Lantz

Other Books by the Author

Ottowa and Chippewa Indians of MI, 1870-1909
Potawatomi Indians of Michigan 1843-1904

Published 1993

HERITAGE BOOKS INC.
1540E Pointer Ridge Place
Bowie, Maryland 20716
(301) 390-7709

ISBN 1-55613-760-5

A Complete Catalog Listing Hundreds
of Titles on
History, Genealogy & Americana
Free on Request

DEDICATION

To my loving and patient wife, Dianna, a descendant of the Saginaw Chippewa, Grand River Ottawa and Huron Pottawatomie.

Table of Contents

Foreword

All the information contained in this book has been transcribed from the records of the Department of Interior, Bureau of Indian Affairs Records which are a part of the holdings of the National Archives in Washington D.C. These annuity & per capita rolls were taken to determine the eligibility of persons of Indian descent to receive payment of monies as the result of U.S. Congressional Legislation and Treaties signed between the Indian tribes and the government of the United States.

1855 Annuity Roll for the Ottawa and Chippewa tribes within the Michigan Indian Agency was taken October 31, 1855. This roll was taken for the purpose of payment of paymeny of monies as the result of a treaty signed March 28, 1836. This section contains name of head of household, number of men/number of women/number of children/total in household, amount of annuity and current roll number.

1857 Per Capita Rolls for the Chippewa of Swan Creek and Black River under the juridiction of the Sac & Fox Agency and Macinac Agency was taken on October 17, 1857. The roll is refered to as the 4th quarter roll but was for the entire year. Its purpose was for the payment of monies as the result of a treaty signed 1807. This section contains name of head of household, number of men/number of women/number of children/total in household, amount of annuity and current roll number.

1857 Annuity Roll for the Chippewa of Sault Ste. Marie was taken on October 9, 1857 for the purpose of payment of monies as the result of a treaty signed August 2, 1855. This section contains name of head of household, number of men/number of women/number of children/total in household, amount of annuity and current roll number.

1857 Annuity Roll for the Grand River Ottawas in the State of Michigan was taken October 29, 1857 for the purpose of payment of monies as the result of a treaty signed July 31, 1855. This section contains name of head of household, number of men/number of women/number of children/total in household, amount of annuity and current roll number.

1858 Per Capita Rolls for the Chippewa of Swan Creek and Black River under the juridiction of the Sac & Fox Agency and Macinac Agency was taken on November 3, 1858, repectively. This roll is refered to as 4th quarter roll but was for the entire year. Its purpose was for the payment of monies as the result of a treaty signed 1807. This section contains name of head of household, number of men/number of women/number of children/total in household, amount of annuity and current roll number.

1859 Annuity Roll for the Grand River Ottawas in the State of Michigan was taken October 29, 1857 for the purpose of payment of monies as the result of a treaty signed July 31, 1855. This section contains name of head of household, number of men/number of women/number of children/total in household, amount of annuity and current roll number.

1860 Goods and Supplies for the Ottawa and Chippewa in the State of Michigan delivered between May 25, 1860 through December 31, 1860. They received goods and supplies in the amount of $14,508.09. This section only lists the names of the Chiefs of each band who signed for the goods and supplies. The remainder of the records for this year is an accumulation of lists of the goods and supplies they received during the aforementioned period of the year and are were not included as they provide no useful genealogical data.

1864 Annuity Roll for the Grand River Ottawas in the State of Michigan was taken December 21, 1864 for the purpose of payment of monies as the result of a treaty signed July 31, 1855. This section contains name of head of household, number of men/number of women/number of children/total in household, amount of annuity and current roll number. In some cases the enumerations were not correctly taken as is evidenced in several instances where a male is listed as a female and vice versa.

1865 Annuity Roll for the Grand River Ottawas in the State of Michigan was taken December 30, 1865 for the purpose of payment of monies as the result of a treaty signed July 31, 1855. This section contains name of head of household, number of men/number of women/number of children/total in household, amount of annuity and current roll number. In some cases the enumerations were not correctly taken as is evidenced in several instances where a male is listed as a female and vice versa.

1865 Annuity Roll for the Chippewa of Saginaw, Swan Creek and Black River was taken on December 28, 1865. This section contains name of head of household, number of men/number of women/number of children/total in household, amount of annuity and current roll number. Its purpose was for the payment of monies as the result of a treaty signed on August 2, 1855.

1868 Annuity Roll for the Ottawa and Chippewa tribes within the Michigan Indian Agency was taken December 21, 1868. This roll was taken for the purpose of payment of paymeny of monies as the result of a treaty signed July 31, 1855. This section contains name of head of household, number of men/number of women/number of children/total in household, amount of annuity and current roll number.

Raymond C. Lantz

1855 ANNUITY ROLL
OTTAWA AND CHIPPEWA OF MICHIGAN

CROSS VILLAGE BAND

A SE BUN 1/1/3/5 $41.60 #7
AIN NE WAY SKAY 1/1/3/5 $41.60 #13
AISH KE GAW BAWNE 1/0/0/1 $8.32 #10
AISH KE BEM GAW WAW 1/1/5/7 $58.24 #32
AU GUS TUS 2/0/0/2 $16.64 #8
AW PAW TUE 1/0/3/4 $33.28 #47
AW MAB 1/1/2/4 $49.92 #54
BAPTISH, John 2nd 1/1/0/2 $16.64 #53
BETEY 0/1/8/9 $74.88 #65
CHENE NEE 1/1/6/8 $66.56 #61
E TAN WAW CAWME GO 1/1/3/5 $41.60 #24
E TO WE GE GHICH WAY BE 1/1/4/6 $49.92 #57
KE SE SWAN BAY, Francis 1/1/2/4 $33.28 #49
KE ME WAW NAW UM 1/1/3/5 $41.60 #34
KE CHE PE NAY CE 1/1/4/6 $49.92 #36
KE ZHICK WEM 1/1/2/4 $33.28 #31
KE OGE MAW 1/1/5/7 $58.24 #11
KIN NE QUAY 0/1/4/5 $41.60 #58
KINNEECE 1/0/4/5 $41.60 #38
MAW CO QUAY 0/1/1/2 $16.64 #23
MAW CAW TAY NOSH 1/0/0/1 $8.32 #37
MAW CHE GE ZHICK 1/1/2/4 $33.28 #56
MAW NEE 0/1/2/3 $24.96 #62
MAY DWAY ANUN DYAW SHE 1/0/0/1 $8.32 #16
ME GE SE MONG 1/1/1/3 $24.96 #29
ME ZAW 0/1/1/2 $16.64 #27
ME SE SAME 1/1/4/6 $49.92 #26
NAW WE MAISH COTAY (Chief) 2/0/1/3 $24.96 #1
NAW MAY GUSE 0/0/2/2 $16.64 #66
NAW DO WAY SAN 1/1/3/5 $41.60 #15
NE SAW WAW QUOT 1/1/4/6 $49.92 #51
NE GAW NE QUO AM 1/1/5/7 $58.24 #6
NE GHO TE GE 1/1/2/4 $33.28 #46
NO ZUTE 0/1/7/8 $66.56 #64
O SHUSH QUAW YOW 1/1/0/2 $16.64 #50
O TAW WAW GWAW AW MO QUAY 0/1/3/4 $33.28 #52
O TAW YA GWAN GE WON 1/1/5/7 $58.24 #40
O GAW O QUAY 0/1/2/3 $24.96 #45
O SHAW WAN NO QUAY 0/1/0/1 $8.32 #19
O NAY NAW GOONSE 1/1/3/5 $41.60 #35
O NAW WAN BAY 1/1/4/6 $49.92 #22
O GE MAW PE MY SE 1/1/2/4 $33.28 #3
O GE DAN NAW QUOT 1/1/0/2 $16.64 #9
O PE MAW AW NO QUAY 0/2/1/3 $24.96 #12
O SAW WAW GEE 0/1/1/2 $16.64 #39

PAY SAW 1/1/1/3 $24.96 #48
PE SHEW 1/0/0/1 $8.32 #55
PE NAYSE WAY GE ZHICK 1/1/2/4 $33.28 #2
PE WUN DAW WAY QUAY 0/1/1/2 $16.64 #42
PO WAINSE 1/1/1/3 $24.96 #20
SAMUEL 1/0/2/3 $24.96 #63
SAW KEE 1/1/5/7 $58.24 #33
SAW GAW CHE WAY O SAY 1/0/0/1 $8.32 #41
SHAW WAW NE PE NAY CE 1/1/4/6 $49.92 #17
SHAW BUTTISE 1/1/0/2 $16.64 #21
SHAW GAW WAN BAWNE 1/1/0/2 $16.64 #14
SHE GWAN JAW NUG 1/1/2/4 $33.28 #30
SHE GWAW MEIG 1/1/0/2 $16.64 #5
SHENE BE QWO AWMO QUAY 0/1/0/1 $8.32 #43
SHOW MIN 1/1/1/3 $24.96 #28
SOPHIA 0/1/0/1 $8.32 #59
TAW BUN VOSH 1/1/2/4 $33.28 #4
TAW GWAN CO NERY 1/1/4/6 $49.92 #44
THOMAS 1/1/0/2 $16.64 #60
WAN BE NAW MAY 1/0/0/1 $8.32 #25
WAW YEA SHE 1/1/4/6 $49.92 #18

L ARBRE CROCHE BAND

AH BE TA CAW WIG, Ignatius 1/0/0/1 $8.32 #52
AISH KE BAW GOSH, Francis 1/1/2/4 $33.28 #28
AISH KE BAW QUOT, Michael 1/1/4/6 $49.92 #7
AN TAN WISH, Lake 1/1/4/6 $49.92 #5
ASE NE WAY, Thos. 1/1/5/7 $58.24 #47
ASE NE WAY, John B. 1/0/0/1 $8.32 #46
AW WEM NAW QUOT, Gabriel 1/0/0/1 $8.32 #36
AW SE NE WAY, Simon 1/1/2/4 $33.28 #31
AWTAW WISH, John B. 1/1/1/3 $24.96 #11
CAN WAYGAN MAN WAN, Paul 1/1/1/3 $24.96 #4
CAW GAY GO WON, Anthony 1/1/2/4 $33.28 #25
CAW WAY GO MOAH, John B. 1/1/2/4 $33.28 #23
CAW BE ME NE GEM NE, Leo 1/1/3/5 $41.60 #8
CAW ME NO TAY A, Michael 1/0/1/2 $16.64 #9
CO SE QUOT, John (or John Baptiste) 1/1/4/6 $49.92 #3
KAK YOSE KONSE, Theresa 0/1/1/2 $16.64 #6
KE WAY TE NO QUAY 0/1/1/2 $16.64 #19
KE WAY KUNDO, Michael 1/1/3/5 $41.60 #2
KE NO SHE WAY, Paul 1/1/3/5 $41.60 #12
LAC BELL, Mary 0/1/4/5 $41.60 #51
MAH YAW GO WAY, Wm. 1/1/3/5 $41.60 #26
MAW CAW DAY KE ME, Paul 1/1/3/5 $41.60 #27
MAW KE CHE UM, John B. 1/1/4/6 $49.92 #42
MAY AH NE NEECE 0/1/1/2 $16.64 #38
MAY DWAY AW SHE, Michael 1/1/4/6 $49.92 #44
MEM GE SWIM GAY, Anthony 1/1/1/3 $24.96 #29

2

MEM CHE WE CHE WAY, John 1/0/0/1 $8.32 #33
MEM SE KUN, Peter 1/1/1/3 $24.96 #40
NAW AW BAW MAW AN WAN 1/1/3/5 $41.60 #15
NAW TAW CAW NE 0/2/0/2 $16.64 #13
NAW SE NO, Peter 1/1/0/2 $16.64 #45
NAY OGE MAW (Chief) 1/1/0/2 $16.64 #1
NAY GO TOKE, Peter 1/1/0/2 $16.64 #32
NE BEM GNE WIN, Thomas 1/1/3/5 $41.60 #24
NIN DO ME WAY, Peter 1/0/1/2 $16.64 #10
O NEM CAW DAW, Sophia 0/1/1/2 $16.64 #16
O SAW WEM NE ME KE 1/1/1/3 $24.96 #20
O TEM PE TEM 0/1/0/1 $8.32 #48
OGE MAW WE MIN NE, May Ann 0/1/0/1 $8.32 #49
OGE MEM WE NE NE, Catharine 0/1/2/3 $24.96 #35
OGE MAW WE WIN NE, Paul 1/0/0/1 $8.32 #50
PAW GO WISH, John 1/1/2/4 $33.28 #22
PAY CAW ME SAY QUAY 0/2/0/2 $16.64 #14
PE TAM SE GAY 1/1/3/5 $41.60 #43
PEVERY NE SHING, Wm. 1/1/3/5 $41.60 #17
PIM AW WAW NAW QUOT 1/0/0/1 $8.32 #37
QUA QUAICK, Magdalen 0/1/2/3 $24.96 #39
SAW GE NAW, Wm. 1/1/5/7 $58.24 #18
SHEM WAW NE BEECE, May 0/1/3/4 $33.28 #41
WAW BE GAY KAKE, Michael 1/1/3/5 $41.60 #30
WAY DAY SHE NE WAN, Jos. 1/1/4/6 $49.92 #34
WEM SAW GWAY NAY GEGUN, Louis 1/1/3/5 $41.60 #21

LITTLE TRAVERSE BAND

Angelique 0/1/0/1 $8.32 #85
AW NAW SE QUAY 0/1/0/1 $8.32 #86
AW BE NAW BE, Louis 1/1/2/4 $33.28 #61
AW WAW NO QUOT 1/0/0/1 $8.32 #73
AW WAN TE NAISH CUM, Joseph 1/0/0/1 $8.32 #55
AW WAN TE NAISH CUM, Andrew 1/1/5/7 $58.24 #54
BLACKBIRD, Andrew J. 1/0/0/1 $8.32 #18
BLACKBIRD, William 1/0/0/1 $8.32 #19
BLACKBIRD, Gabriel 1/1/2/4 $33.28 #17
CAW BE NAW, Peter 1/1/2/4 $33.28 #66
CHING GWAN, William 1/1/2/4 $33.28 #7
CHING GWAW CAW ME QUAY 0/1/0/1 $8.32 #84
E TAW WE GE ZHIC, Paul 1/1/4/6 $49.92 #43
KAY ZHE CO ZHE WAY 1/1/2/4 $33.28 #14
KE WAY QUO UM, John B. 1/1/4/6 $49.92 #53
KE NE QUAY 0/1/1/2 $16.64 #57
KE CHE O CUM, Margaret 0/1/0/1 $8.32 #58
KE ZHE GO PE NAY SE, John 1/1/2/4 $33.28 #32
KE ZHE GO PE NAY SE, Simon 1/0/0/1 $8.32 #33
KE WAY QUO UM, Joseph 1/1/1/3 $24.96 #50
KE ZHE GO PE NAY SE, Charles 1/0/0/1 $8.32 #35

KE ZHE GO PE NAY SE, Agnes 0/1/0/1 $8.32 #34
KE CHE O CUM, Louis 1/0/0/1 $8.32 #60
KE CHE O CUM, Josette 0/1/0/1 $8.32 #59
KE CHEWTON WE GE ZHICK 1/1/2/4 $33.28 #75
KE ME NE CHEM GUN, Joseph 1/1/1/3 $24.96 #16
KE OGE MAH, Francis 1/1/3/5 $41.60 #68
KE WAY CAW WAY 1/1/1/3 $24.96 #88
KEE SIS SWAN BAY, John B. 1/1/3/5 $41.60 #10
KEE WAH E SAY, Louis 1/1/3/5 $41.60 #40
KEWAY KE ZHICK 0/1/0/1 $8.32 #70
MAW KE WE NEM, Mary 0/1/3/4 $33.28 #3
MAW KE WE NEM, Paul 1/0/1/2 $16.64 #2
ME NE CHAN GUM, Hyacinth 1/1/0/2 $16.64 #80
MEE SHE KAY, John B. 1/1/3/5 $41.60 #74
NAW WE GE ZHICH WAY AW, Michael 1/1/4/6 $49.92 #56
NE SAW WAW QUOT, Daniel 1/0/0/1 $8.32 #81
NE SAW WAN QUOT, Alexander 1/1/3/5 $41.60 #1
NEW GAW NAW SHE, Daniel 1/1/6/8 $66.56 #51
NEW GAW NAW SHE, Isadore 1/0/0/1 $8.32 #52
NOU GAISH CAW WAW, Christine 0/1/0/1 $8.32 #79
O SAW WAN KE MAN MO QUAY 0/1/0/1 $8.32 #9
OGE DAW NAW QUOT, Mathew 1/1/3/5 $41.60 #41
OGE DAW NAW QUOT, Charlotte 0/1/0/1 $8.32 #42
ONAY NEW GON SE, Alexander 1/1/6/8 $66.56 #65
OTAW NAW A SHE 1/1/3/5 $41.60 #69
OTISH QUAY G ZHICK 0/1/0/1 $8.32 #78
OTTAWAN, Augustus 1/1/2/4 $33.28 #63
PAY SHAW SE GAY, Mary Anne 0/1/2/3 $24.96 #87
PAY ME SAW AW 1/1/5/7 $58.24 #72
PAY ME WE SHE WAY, Angelique 0/1/0/1 $8.32 #11
PE TAW SE GAY, Louis 1/0/0/1 $8.32 #23
PE TAW SE GAY, Francis 1/1/1/3 $24.96 #26
PE TAW SE GAY, Mary 0/1/0/1 $8.32 #25
PE TAW SE GAY, Joseph 1/0/0/1 $8.32 #24
PE TAWY WE TUNE, Mary 0/1/1/2 $16.64 #21
PE TAW SE GAY, Michael 1/1/1/3 $24.96 #71
PE TAW WAY NEM QUAM TO QUAY 0/0/4/4 $33.28 #15
PE TAW SE GAY, Ignatius 1/1/5/7 $58.24 #22
PILOTTE, Mary 0/1/2/3 $24.96 #77
SAW GE MAW, Augustus 0/0/1/1 $8.32 #12
SAW GAW CHE WAY O SAY, Alex 1/1/1/3 $24.96 #76
SAY MIE GWENE BE, Simon 1/1/0/2 $16.64 #6
SE GWAY 0/1/0/1 $8.32 #83
SHAW WAW NAW QUO WA, Michael 1/1/3/5 $41.60 #20
SHAW BWAN SHING, Francis 1/1/6/8 $66.56 #62
SHAW WAN NAY SE, Paul 1/1/3/5 $41.60 #64
SHAW WAW NAW QUO UM, Louis 1/0/0/1 $8.32 #82
SHAY GWAN CO SHING 1/1/4/6 $49.92 #48
SHAY GWAN CO SHING, Mary Ann 0/1/0/1 $8.32 #49
SHON MIN, Peter 1/1/4/6 $49.92 #46

4

SHON MIN, Isaac 1/0/0/1 $8.32 #47
SUGAIN GWAWBE, John B. 1/0/0/1 $8.32 #5
TAN GWAN GAW NE, Louis 1/1/0/2 $16.64 #13
TAN QUAW GAW NAY, Peter 1/1/1/3 $24.96 #44
TAW BAH TAW, Anthony 1/1/2/4 $33.28 #27
WAH GA SHAY, Joseph 1/1/2/4 $33.28 #39
WAN BE GIG, Angelique 0/1/0/1 $8.32 #37
WAN BE GIG, Veroncia 0/1/0/1 $8.32 #38
WAN BE GIG, Simon 1/1/0/2 $16.64 #36
WAS SO, Francis 1/1/1/3 $24.96 #8
WAS SO, Paul 1/1/3/5 $41.60 #4
WAS SO, Peter 1/1/1/3 $24.96 #29
WAS SO, Simon 1/0/0/1 $8.32 #31
WAS SO, Michael 1/0/0/1 $8.32 #30
WAS SO, Louis 1/1/2/4 $33.28 #28
WAW BE NE ME KEE, Charles 1/1/5/7 $58.24 #45
WAY WAY SE MAH, Jos. 1/1/0/2 $16.64 #67

BEAR CREEK BAND

AH NE GWAN BE 1/1/5/7 $58.24 #7
AIN WAW TE NAISH CUM, George 1/0/1/2 $16.64 #14
AIN WAW TE NAISH CUM, Genevieve 0/1/0/1 $8.32 #15
ASE NE WAY, Peter 1/1/1/3 $24.96 #11
ASE NE WAY, John 1/0/1/2 $16.64 #12
AWBE TAW GE ZHICK, Sophia 0/1/0/1 $8.32 #30
AWBE TAW GE ZHICK, Mary Ann 0/1/0/1 $8.32 #29
CAW CAW MON GWAY 1/0/1/2 $16.64 #27
CAW ME SQUAW SE GAY 0/1/2/3 #18
KE WAY CUN DO, Peter 1/0/0/1 $8.32 #3
KE WAY CUN DO, Amable Jr. 1/0/0/1 $8.32 #4
KE WAY CUN DO, Amable 1/1/5/7 $58.24 #2
MAW CAW DAY OTANOWAY 1/1/5/7 $58.24 #37
MAW CO ME NON, Peter 1/1/0/2 $16.64 #23
ME NAW NAW QUOT 1/1/2/4 $33.28 #5
MO NE BAN DUM, Helen 0/1/0/1 $8.32 #24
MO NE BAN DUM, Joseph 0/0/1/1 $8.32 #25
MWEM KE WE NAW, Daniel 1/1/3/5 $41.60 #1
NAW I CAW, Joseph 1/1/1/3 #19
NAW BE NAW YAW SNEY, Louis 1/1/2/4 $33.28 #6
NE SHE KE PE NAY SE 1/1/3/5 $41.60 #36
NE GAW NE QUO UM, Paul 1/1/3/5 $41.60 #10
NEE NE BAH DUN, Thaddeus 1/1/0/2 #13
OSHE BWAN, James 1/0/2/3 $24.96 #28
OTAH GAW MEEN KE, Isaac 1/1/0/2 $16.64 #8
OTAW NAW A ZHE 1/0/0/1 $8.32 #33
OTAW GAW MEEN KE, Michael 1/0/0/1 $8.32 #9
OTAW PE TAW GE ZHE GO QUAY 0/0/2/2 $16.64 #34
PAY QUAY NAY 1/1/4/6 $49.92 #26
RODD, Daniel 1/1/1/3 $24.96 #16

5

SO TO CHAND, Sophia 0/1/2/3 #17
WAW WAW SO MO QUAY 0/1/2/3 $24.96 #35
WAY YEA QUAW G ZHICK, Mary 0/1/1/2 $16.64 #20
WAY WIN GE GWAW, Samuel 1/0/0/1 $8.32 #21
WAY WIN GE GWAW, Agatha 0/1/0/1 $8.32 #22
WAY AW BE MIN, Jos. 1/1/2/4 $33.28 #31
WAY AW BE MIN, Mary 0/1/0/1 $8.32 #32

                    BLACK RIVER BAND

AH KE PAY ME SAY, Louis 1/1/2/4 $33.28 #28
AH KE PAY ME SAY, Michael 1/1/1/3 $24.96 #27
AH ZHE TAY GWAN, Joseph 1/0/0/1 $8.32 #34
AIN NE WAW BE, Margaret 0/1/1/2 $16.64 #46
AIN NE WAW BE, Joseph 1/0/1/2 $16.64 #30
BROWN, Nancy 0/1/2/3 $24.96 #43
CAW BE NAW, Antoine 1/1/0/2 $16.64 #47
INENOWA GO QUAY 0/1/1/2 $16.64 #40
KE NE QUAY, Charlotte 0/1/0/1 $8.32 #35
KE SHAY WAS, William 1/1/2/4 $33.28 #33
KE WAY AW SHING 1/0/0/1 $8.32 #29
KE NO SHE MEG, Agatha 0/0/1/1 $8.32 #37
LA CROIX, Michael 1/1/0/2 $16.64 #15
MANITO GAW BAW WE, John B. 1/0/2/3 $24.96 #13
MAW TWAINSE, Joseph 1/0/0/1 $8.32 #23
MAW TWAINSE, Charles 1/1/6/8 $66.56 #22
NAW WAY GO ZHICK, Etimus 1/1/2/4 $33.28 #6
NE SAW WAW QUOT, Mary 0/1/0/1 $8.32 #44
NE GAW NE GE ZHE GE QUAY 0/1/5/6 $49.92 #20
NE SAW WAW QUOT, Joseph 1/1/3/5 $41.60 #5
NE SAW WAW QUOT, Paul 1/0/2/3 $24.96 #4
O KIN GE WAN NO, Frances 1/1/5/7 $58.24 #16
O SAW WAW SQUAW, Charles 1/1/2/4 $33.28 #9
OGE MAW KE GE DO, Joseph 1/1/2/4 $33.28 #45
PAY BE SHAY 0/1/1/2 $16.64 #38
PE MAW SAY WAY QUAY 0/1/1/2 $16.64 #42
PRICKET, Joseph 0/0/1/1 $8.32 #25
SAHW SHAW GWAY SHE, Peter 0/0/1/1 $8.32 #19
SAW KE CHE WAY BE NAW, Mary Ann 0/1/0/1 $8.32 #36
SAW SAW GWAY SHE, Peter 1/1/1/3 $24.96 #8
SHAW SHAW WAW NAY BEECE, Joseph 1/0/0/1 $8.32 #10
SHAW SHAW GWAY SHE, Joseph 2nd 1/0/0/1 #21
SHAW SAHW GWAY SHE, Frances 0/0/1/1 $8.32 #18
SHAW SHAW GWAY SHE, Joseph 1/0/2/3 $24.96 #11
SHAW WAW NAW PE NAY SE 0/0/1/1 $8.32 #24
SHAW SHAW GWAY SHE, Paul 1/0/0/1 $8.32 #17
SPAW SHAW GUAY SHE, Louis 1/1/6/8 $66.56 #2
WAW SAY ME GAY QUAY 0/1/2/3 $24.96 #41
WAW BAW NE QUAY 0/1/1/2 $16.64 $48
WAW KE ZOO, Peter 1/1/4/6 $49.92 #1

                          6

```
WAW SHE GE ZHE GO QUAY 0/1/3/4 $33.28 #39
WAW WAWN GOBO, Joseph 1/1/0/2 $16.64 #31
WAW WAWN GOBO, Francis 1/0/0/1 $8.32 #32
WAW BE SHAW GAW, Augustus 1/0/0/1 $8.32 #12
WAWKEYOU, John B. 1/0/0/1 $8.32 #26
WAY ME GOWENCE, Louis 1/1/7/9 $74.88 #7
WIN DE GO WISH, Dominick 1/14/6 $49.92 #3
WOLF, Vincent 1/0/2/3 $24.96 #14
```

PLATE RIVER BAND

```
A GAU E SHE, Daniel 1/1/1/3 $24.96 #64
AGONE CHE E, Sophia 0/1/4/5 $41.60 #34
AH KO WE SAY, Daniel 1/1/5/7 $58.24 #17
ANSE, Peter 1/0/0/1 $8.32 #5
ANSE, John B. 1/1/5/7 $58.24 #4
ASI BUM, Isaiah 1/0/1/2 $16.64 #37
AW SHE TAY GWAW, Michael 1/1/4/6 $49.92 #42
AW NAW QUANTE QUAY 0/1/1/2 $16.64 #22
AW NEE WAY, Nancy 0/1/0/1 $8.32 #65
AW GENE CHE E, Louis 1/0/0/1 $8.32 #69
CAW WE TAW O SAY 1/1/3/5 $41.60 #43
CAW BE AW, Joseph 1/1/5/7 $58.24 #16
CAW GAW GE SHE, Joseph 1/1/2/4 $33.28 #18
CAW GAY YAW 0/1/0/1 $8.32 #33
CHING GWAY 1/1/0/2 $16.64 #52
ETAW MAW CAW ME GO, Edward 1/1/2/4 $33.28 #20
KAY QUAY TO SAY, Simon 1/1/1/3 $24.96 #1
KAY BAY O SAY, Joseph 1/1/2/4 $33.28 #3
KE TAW GAW, Mary 0/0/1/1 $8.32 #68
KE ZHE GO QUAY 0/1/1/2 $16.64 #13
KE CHE PE WAY SE, Louis 1/1/0/2 $16.64 #54
KE TAW GAW, Angelique 0/1/0/1 $8.32 #67
MAGERZINE, Joseph 1/0/1/2 $16.64 #15
MAW CAW TAY WE NIN NE, Mery 0/1/0/1 $8.32 #57
MAW CHE WE TAW, Paul 1/0/0/1 $8.32 #56
MAW CAW DAY WE WIN NE, John 1/1/5/7 $58.24 #49
MAW CAW TAY WE MIN NEE, Angelique 0/1/0/1 $8.32 #58
MAY MAW IL GAY 1/0/0/1 $8.32 #39
MAY SHE KAY AW SHE, George 1/0/0/1 $8.32 #53
ME SHE ME NAW MAN QUOT, Peter 0/0/1/1 $8.32 #66
ME SAW ZEE, Peter 1/1/1/3 $24.96 #19
ME SAW NE QUAY 0/1/0/1 $8.32 #61
MUN TWAYSAW GO MUN 0/1/0/1 $8.32 #32
NAW GAW NE GAW CAW ME, Paul 1/1/1/3 $24.96 #10
NAW NE BAW WE, Peter 1/1/2/4 $33.28 #55
NAW GAW NE SAY, Michael 1/1/1/3 $24.96 #60
NAW O QUAY GE ZHICK, Etienne 1/1/5/7 $58.24 #7
NAY NAY AW SHE, Francis 1/0/2/3 $24.96 #9
NAY WAW DAY GE ZHICK, Joseph 0/0/1/1 $8.32 #25
```

NAY WAW DAY GE ZHICK, Louis 1/1/2/4 $33.28 #2
NAY WAW DAY GE ZHICK, Augustine 0/0/1/1 $8.32 #24
NE BAW NE GE ZHICK 1/1/3/5 $41.60 #72
NEE DEM ME NACE, Moses 1/1/1/3 $24.96 #30
O WAY NAW GO, Joseph 1/1/3/5 $41.60 #71
PAY SHE GE ZHICK 1/0/0/1 $8.32 #59
PAY BAW ME SAY, John 1/1/1/3 $24.96 #23
PAY SHAW WAW QUO WAY, Jesesa 0/1/0/1 $8.32 #70
PAY SHAW SE GAY, James 1/1/3/5 $41.60 #44
PAY ME SAY 1/1/4/6 $49.92 #45
PAY MWAY WE DUNG, Joseph 1/1/1/3 $24.96 #12
PE NAY SHE, Joseph 1/1/5/7 $58.24 #63
PE TWAY WE TUM, John 1/0/0/1 $8.32 #46
PE SHAN BAY, Benjamin 1/1/1/3 $24.96 #6
PON TI ACE, Louis 1/1/4/6 $49.92 #35
QUAY SUN MO QUAY 0/1/2/3 $24.96 #36
SAW WAW NE PE WAY SE, Joseph 1/1/0/2 $16.64 #62
SHAW WAW NAW QUO UM , Joseph 0/0/1/1 $8.32 #28
SHAW WAW NAY PE NAY BE, Michael 1/1/3/5 #31
SHAW WAW NON GAY, Peter 1/0/0/1 $8.32 #51
SHAW WAW NON GAY, Joseph 1/1/2/4 $33.28 $50
TAY BAW SAW, Jacob 1/1/5/7 $58.24 #48
WAW BE SHE BE SHE, Louis 1/1/0/2 #14
WAW ZHAW 1/1/4/6 $49.92 #47
WAW SAW BE KE ZOO, Margaret 0/1/1/2 $16.64 #21
WAW BE MAIN KE, Francis 1/1/4/6 $49.92 #8
WAW SAW ME GO ZOO, Mary Ann 0/1/0/1 $8.32 #27
WAW BE NE ME KE, Peter 1/0/0/1 $8.32 #26
WAY WAN TOONE 0/1/1/2 $16.64 #29
WAY ME TE GO ZHE 1/1/4/6 $49.92 #40
WAY NEE TO GO ZHE, Peter 1/0/0/1 $8.32 #41
WAY TO NE ME AW, Peter 1/1/4/6 $49.92 #11
WAYNE BWAY GO NAY BE, John B. 1/1/1/3 $24.96 #38

CARP RIVER BAND

A PUNG GE SHE SMOKE, Joseph 1/1/1/3 $24.96 #26
AIN NE ME KE WAW SE GAY 1/1/4/6 $49.92 #38
AW BE DENE SE GAY QUAY 0/1/1/2 $16.64 #31
CAW BE MAINE WAY AW SHE, John 1/1/1/3 $24.96 #27
CAW GE GAY GWO NAY BE, James 1/0/0/1 $8.32 #16
CHEM WAY CUSH CUM 1/0/0/1 $8.32 #20
CHEW WAY QUIS CUM, Joseph 1/1/4/6 $49.92 #10
I GA TAW GE ZHICK, Peter 1/1/1/3 $24.96 #15
KAY BAY O SAY 1/1/5/7 $58.24 #44
MAN CHE BEEN GO QUAY 0/1/1/2 $16.64 #35
ME SCO MAY SAW 1/1/1/3 $24.96 #9
MENE NE TO WAY 1/1/2/4 $33.28 #14
NAW WAW O QUO UM 1/1/2/4 $33.28 #22
NAY ZA TO SHING, William 1/1/3/5 $41.60 #24

NAY NIN GAW SING, John 1/1/1/3 $24.96 #34
NAYTE SHING, Antoine 1/1/3/5 $41.60 #4
NE BENE NE G ZHICK, Joseph 1/1/4/6 $49.92 #2
NENE TE NAY QUO AIS MO QUAY 0/0/1/1 $8.32 #17
NO TE NISH CAW ME QUAY 0/1/0/1 $8.32 #28
O SEEN O QUANE YANCE, William 1/0/0/1 $8.32 #25
O NIE SQUAW WAW, Mary 0/1/1/2 $16.64 #32
O NAW MAW NEECE, Daniel 1/1/4/6 $49.92 #1
O GE SHE YAM 0/1/1/2 $16.64 #41
O GE SHE AW BE NO QUAY 0/1/3/4 $33.28 #45
O SHEM WAW NAW NO QUAY 0/1/0/1 $8.32 #13
O SENE WAWPE NAY SE 1/1/0/2 $16.64 #19
O SHEM WAW SQUAW, John 1/1/2/4 $33.28 #18
OGE ZHE YAW NAW QUOT 1/0/0/1 $8.32 #6
PAW MAY GE ZHICK, Peter 1/1/3/5 $41.60 #23
PAW QUAW GAY, Antoine 1/1/5/7 $58.24 #33
PAY BAW NAW UNG, Jacob 1/1/4/6 $49.92 #5
PAY ME NAW EVEN 1/1/1/3 $24.96 #8
PAY MEM SE GAY, John B. 0/0/1/1 $8.32 #29
PAY MEM SE GAY, Michael 0/0/1/1 $8.32 #30
PE TAW WAW NAW QUOT, Paul 1/1/0/2 $16.64 #12
PE NAY SE WAN NEW QUOT 1/1/5/7 $58.24 #42
PE NAY SE WAY TE NO QUAY 0/1/0/1 $8.32 #40
SHEM SHEW WAN NE BE CE 1/1/5/7 $58.24 #21
SHEM WAW NENE BEEN NO QUAY 0/1/2/3 $24.96 #11
SHENE BUN CHUNG, Joseph 1/0/0/1 $8.32 #37
SHENE BUN CHUNG, Michael 1/1/1/3 $24.96 #36
WAY WAY SE MAW 1/1/2/4 $33.28 #43
WAY AWZHE, George 1/1/5/7 $58.24 #3
WAY ZHE OWN 0/0/1/1 $8.32 #7
WEM SE GENE MO QUAY 0/1/4/5 $41.60 #39

SHEM BWAM SUNGS BAND

AISH QUAY GE ZHICK, Joseph 1/1/3/5 $41.60 #7
AISH QUAY BE, Antoine 1/0/0/1 $8.32 #10
AISH QUAY GE ZHICK, Mary 0/1/0/1 $8.32 #13
AISH KE BAY, Andrew George 1/0/0/1 $8.32 #14
AW NE ME QUO UM, Joseph 1/1/0/2 $16.64 #3
CAN ZHE GWAW NE GAY, George 1/1/5/7 $58.24 #8
MENE CHE WE TAW 1/1/4/6 $49.92 #19
MIN DE MO YEA 0/2/0/2 $16.64 #21
NAW BE NAW ME QUAY 0/1/2/3 $24.96 #17
NE SAW WAW CAW WE NAY 1/1/2/4 $33.28 #4
NE SAW WAW CAW WE NAY, Stephen 1/0/0/1 #5
NEM O QUENSH CAW MO GAY 0/1/3/4 $33.28 #16
NIN DE NO QUAY 0/1/1/2 $16.64 #20
NOTE WAW BENE NO QUAY 0/1/5/6 $49.92 #12
O CHE BWAY, Joseph 1/1/9/11 $91.52 #2
SAY GE TOO, Peter 1/1/0/2 $16.64 #11

SAY GO TOO HELL, Paul 1/1/1/3 $24.96 #15
SAY GAWL WAY QUAY 0/1/1/2 $16.64 #6
SHEM BWAM SUNGS, Joseph 1/1/2/4 $33.28 #1
SHEM WENE NE GAW BAW WE 1/1/1/3 $24.96 #9
YAW WENE BAY, Mary 1/1/3/5 $41.60 #18

GRAND TRAVERSE BAND NO. 2

AH KAY O SAY, Addison 1/1/4/6 $49.92 #1
AH KAY O SAY, Robert 1/0/0/1 $8.32 #2
AH KAY O SAY, James 1/1/0/2 $16.64 #35
AIN NE WISH KAY, Michael 1/1/1/3 $24.96 #49
AW WAN NE GE ZHICK, Herman 1/1/2/4 $33.28 #18
CAW GU, Henry 1/0/1/2 $16.64 #25
CAW NE SAY 0/1/0/1 $8.32 #33
GREENSKY, Peter 1/1/1/3 $24.96 #58
KAY KAKE, William 1/1/0/2 $16.64 #54
KE WAY TE NE QUO UM, Albert 1/0/0/1 $8.32 #46
KE WAY DE NO QUAY 0/1/0/1 $8.32 #30
KE TAW BE 0/1/0/1 $8.32 #42
KE SHAW TAY, William 1/0/0/1 $8.32 #41
KE SIS SWAN BAY, John 1/0/0/1 $8.32 #36
KE WAY CUSH UM 1/1/0/2 $16.64 #48
KE WAY SEM MO QUAY 0/1/1/2 $16.64 #47
KE CHE WAY GO 1/1/3/5 $41.60 #53
M WEM KE WE NEM, Peter 1/1/2/4 $33.28 #9
MAW CO QUAY 0/1/2/3 $24.96 #24
MAY DWEY GO NAY SING, Daniel 1/1/2/4 $33.28 #26
MAY MAW GUEVE NAY, Edward 1/1/3/5 $41.60 #5
ME SCO PE NAY SE, Moses 1/0/1/2 $16.64 #12
ME SE NEM SCO DAY WAY, Alfred 1/0/0/1 $8.32 #44
ME GE SE MIG, John 1/0/0/1 $8.32 #13
ME ZHEM QUEM DO QUAY 0/1/1/2 $16.64 #15
NAW O QUO UM 1/1/6/8 $66.56 #8
NAW WE KE CHE GAW NE QUAY 0/1/0/1 $8.32 #16
NAW O QUAW NAY BE, John B. 1/0/0/1 $8.32 #37
NAY WAWTAY GE ZHICK, Peter 1/0/0/1 $8.32 #40
NAY SHAE KAY SHE, Moses 1/1/5/7 $58.24 #3
NE GE GWAW BEEN NO QUAY 0/1/1/2 $16.64 #14
NE GAW NE GE ZHICK, John 1/1/3/5 $41.60 #52
O MEM SEM DEM MO QUAY 0/1/0/1 $8.32 #55
O CHE GWENE GUN, Margaret 0/1/0/1 $8.32 #6
OGE MUN KE GE DO, Simon 1/1/2/4 $33.28 #10
PAY SHEM, Mary Ann 0/1/2/3 $24.96 #39
PAY MENAY WAY, Susan 0/0/1/1 $8.32 #38
PAY KE KAW NEM NENE QUOT 1/1/3/5 $41.60 #7
PAYNE WAY WE DUNG, Francis 1/0/0/1 $8.32 #45
PAYNE WAY WAY, John B. 0/0/1/1 $8.32 #4
PE NAY SE WAY DE NO QUAY 0/1/0/1 $8.32 #31
PE NAY SE WAY GO ZHICK, Paul 1/1/2/4 $33.28 #28

QUAY KE CHE WAN NO QUAY 0/1/1/2 $16.64 #32
SANAR KE WAY YAW 0/1/1/2 $16.64 #27
SAW GAW SE GAY, Peter 1/1/5/7 $58.24 #20
SHE GWAW JAW 1/1/4/6 $49.92 #34
SHE BE GAY 0/1/2/3 $24.96 #57
SHE GWEM MAY, John B. 1/0/0/1 $8.32 #51
SHEM BE QUO UM, Daniel 1/0/0/1 $8.32 #29
SHEM WEM DAY SEE, Levi 1/0/0/1 $8.32 #22
SHEM WEM DAY SEE, Isaac 1/1/2/4 $33.28 #21
SHEM WAW NENE SHE 1/1/0/2 $16.64 #19
SHEWON GWAY SHE GAY 0/1/3/4 $33.28 #56
TAW BAW SOSH, Joseph 1/1/1/3 $24.96 #23
TAY BEEN KE YAW, Joseph 1/1/4/6 $49.92 #11
WAW BE I CAN NEM QUO UM, Peter 1/1/2/4 $33.28 #43
WAW BO NO QUAY 0/1/1/2 $16.64 #17
WAY ME TE GO NE QUE GAW 1/1/4/6 $49.92 #50

GRAND TRAVERSE BAND NO. 1

AH KAY O SAY, Benj. 1/0/0/1 $8.32 #20
AIN WAW TE NO QUAY 0/1/3/4 $33.28 #28
AISH QUAY GO NAY BE 1/1/1/3 $24.96 #1
AW KE SHWAY 0/1/6/7 $58.24 #21
CAW GE SHE QUO UM 1/1/2/4 $33.28 #35
CHING GWAW NAW QUO UM, Charles 1/0/0/1 $8.32 #7
K NE SHE WAY 1/1/1/3 $24.96 #11
KAY ME WAW NE SKUNG 1/1/2/4 $33.28 #16
KE WAY DIN 1/1/1/3 $24.96 #14
ME ZHEM QUAN TO QUAY 0/1/2/3 $24.96 #29
ME SHE MEM KE NE GO QUAY 0/1/0/1 $8.32 #30
ME KE NOE 1/0/2/3 $24.96 #18
NAW O QUAY DE NO QUAY 0/1/0/1 $8.32 #33
NAW O QUAY GE ZHICK 1/0/0/1 $8.32 #24
NAY YEA TO SHING, Etienne 1/1/2/4 $33.28 #23
NO PE ME QUAY 0/1/2/3 $24.96 #32
O KE DAN NEW QUOT 1/0/0/1 $8.32 #13
O CHE GUNSE 1/1/1/3 $24.96 #5
O TO WE GE ZHICK 1/0/3/4 $33.28 #36
O SAW WAW NEM NE QUAY 0/1/1/2 $16.64 #27
OGE MEM KE GE DO 1/1/3/5 $41.60 #4
OTEM GAU MEW KE, Louis 1/1/3/5 $41.60 #6
PAY BAW NEE SAY, John 1/1/1/3 $24.96 #2
PAY SHEM BAW NE QUAY 0/1/0/1 $8.32 #31
PAY SHEM WAW QUO UM 1/1/2/4 $33.28 #22
PE WASH 1/1/1/3 $24.96 #37
PE TEM WAW NAN QUOT 1/1/2/4 #33.28 #17
SAW GUN, Antoine 1/0/0/1 $8.32 #8
SHE BEM TE GO QUAY 0/1/1/2 $16.64 #34
SHEM WAW NO GAW DAY 1/0/0/1 $8.32 #25
SHEM BWE DUNG 1/1/1/3 $24.96 #12

11

SKEMBOSE, David 1/0/1/2 $16.64 #9
TAY BAW SE GE ZHICK, George 1/1/2/4 $33.28 #3
WAIN DUN SO MO SAY, Louis 1/1/4/6 $49.92 #19
WAN BE SCAN 1/1/3/5 $41.60 #26
WAN BOSE 1/1/2/4 $33.28 #15
WAN BE NAY SE 1/1/1/3 $24.96 #10

MANISTEE BAND

AW WAW NO QUAY 0/1/2/3 #24.96 #27
AWN GE GAW BAW WE QUAY 0/1/1/2 $16.64 #23
CAW ME I QUEM BAU NO QUAY 1/1/8/10 $83.20 #3
KAY BAISH KUNG 1/1/2/4 $33.28 #11
KE NE WE GE ZHICK 1/1/0/2 $16.64 #10
KE NE WE NAU GO SEE 1/1/1/3 $24.96 #18
KE CHE NAY GO 1/1/5/7 $58.24 #2
KE WAY CUSH CUM 1/1/6/8 $66.56 #1
MAN MAW WE GE ZHICK 1/1/3/5 $41.60 #9
MAN SCO DAY SE QUAY 0/1/0/1 $8.32 #8
MAY DWAY WAY 1/1/0/2 $16.64 #5
MAY YAW WISH CAW MO QUAY 0/1/3/4 $33.28 #19
MAY YAU WAW BAY 0/1/3/4 $33.28 #12
ME SHE NEE NEM NEM QUOT 1/1/1/3 $24.96 #22
ME SHE KAY 1/1/3/5 $41.60 #6
NAW WENE CHE KE SIS O QUAY 0/1/3/4 $33.28 #14
NAW O QUAY GE ZHICK 1/0/3/4 $33.28 #20
NAY GE WAW NE QUAY 0/1/2/3 $24.96 #16
NE BAW NE GE ZHICK 1/1/4/6 $49.92 #7
NE GAU NE GE ZHICK 1/1/5/7 $58.24 #4
NE GAW NE SAY 1/1/2/4 $33.28 #29
NIN GAW SOME 1/1/0/2 $16.64 #32
O KE SHE AW SE WAY QUAY 0/1/0/1 $8.32 #24
PAY SHE GE ZHICK 0/0/1/1 $8.32 #25
SAW GAW CHE WAY QUAY 0/1/3/4 $33.28 #31
SAY NE GWAW BAY 1/1/2/4 $33.28 #21
SHE BEM GE WAW NO QUAY 0/1/0/1 $8.32 #30
SHEM WAY NAY SE 0/0/1/1 $8.32 #28
WAW BE WIN DE GO 1/1/0/2 $16.64 #15
WAW BAW NO QUAY 0/0/1/1 $8.32 #26
WAY BE CAW ME QUOT 1/1/1/3 $24.96 #17
WAY GAY KAY CAW ME 1/1/6/8 $66.56 #13

MANISTEE BAND NO 2

CHE GWAW JAW 1/0/0/1 $8.32 #12
MAN KE CHE WON 1/1/4/6 $49.92 #11
MAW CAW DAY NO KAY, John B. 1/1/1/3 $24.96 #1
ME SHE ME SHE QUAY 0/1/3/4 $33.28 #6
NAW O QUAY GE ZHE GO QUAY 0/1/3/4 #33.28 #7
O NAY BE SE QUAY 0/1/2/3 $24.96 #5

O GAW BAY AW NO QUAY 0/1/4/5 $41.60 #8
PAW GAW NE GE ZHICK 1/1/0/2 $16.64 #10
PAY SHE GE ZHICK 1/1/2/4 $33.28 #3
PE ZHE KE WE GE ZHICK, Paul 1/1/5/7 $58.24 #2
SHEM NO 1/1/1/3 $24.96 #9
WEINNE BWAY GO NAY AW SHE, Francis 1/1/1/3 $24.96 #4

1857 PER CAPITA ROLL
SWAN CREEK & BLACK RIVER
CHIPPEWA

AN TO QUAH 1/1/0/2 $13.00 #11

CO PAH A SAH 2/1/2/5 $32.50

ESH TON QUIT 1/2/4/7 $45.50 #1

GOKY, Ann 0/1/2/3 $19.50 #7

GOKY, Lewis 1/1/0/2 $13.00 #5

KOS QUAH 0/1/2/3 $19.50 #9

KWA KE CHE WUN 1/1/1/3 $19.50 #2

MUCH E NO QUAH 0/1/0/1 $6.50 #10

NAS C QUAM 1/1/2/4 $26.00 #8

NOP E TAM 1/1/2/4 $26.00 #4

QUAH KE SIC 1/1/1/3 $19.50 #6

TURNER, William 1/1/4/6 $39.00 #3

O SHAW WAW NO'S BAND

A DAW DE MIN 0/3/3/6 $114.06 #34
A DAW WE GE ZHE GO QUAY 2/1/0/3 $57.03 #3
AGADENSE or Sarah 0/1/0/1 $19.01 #20
AISH QUAY GO NAY BE 1/1/3/5 $95.05 #43
AM WE WAY QUAY 0/2/0/2 $38.02 #26
AW NE O MAICE 0/1/1/2 $38.02 #38
AW NE WUB 0/0/1/1 $19.01 #18
BAT SAUSE, John 1/1/4/6 $114.06 #31
CHE CHE 0/1/0/1 $19.01 #37
CHE QUOD GE 0/1/1/2 $38.02 #4
DAW ME WAW NO GAW BO, Julia 0/1/0/1 $19.01 #22
I YAW BANSE 1/3/1/5 $95.05 #2
KAW GAW GE WAINCE 0/1/0/1 $19.01 #32
KE CHE KE CHE WAW NO QUAY 0/3/2/5 $95.05 #23
KE CHE AW KE WAIN GE 1/1/3/5 $95.05 #14
KE WE TAW GE ZHICK 1/1/1/3 $57.03 #53
KE CHE O JIB WAY 2/0/0/2 $38.02 #51
KE TAW GAW SHE 0/1/0/1 $19.01 #5
KE CHE O JIB WAY, Just. 0/1/0/1 $19.01 #52
KEY WE TAW GE ZHICK 1/1/1/3 $57.03 #6
LESAY, Madam 0/1/0/1 $19.01 #10
LESAY, Madam 0/1/0/1 $19.01 #15
MANSE WAY WAW KAW ME GE SHUNG 1/1/4/6 $114.06 #40
MAW KOONSE 1/0/0/1 $19.01 #12
MAW DEUR PE NO QUAY 0/1/0/1 $19.01 #28
MAY DWAY AW SE NO QUAY 0/1/1/2 $38.02 #47
ME SHE WAW QUAINCE 0/1/0/1 $19.01 #46
MO KE CHE GE GO QUAY'S Son 0/0/1/1 $19.01 #56
NAW PONSE E QUAY 0/2/1/3 $57.03 #36
NAW ME WAW NE GAW BAW WE 1/0/2/3 $57.03 #21
O SHAW WAW NO Chief 3/2/2/7 $133.07 #1
O GAW BAY GE NAW NO QUAY 0/1/3/4 $76.04 #41
O GAW BAY GO ZHICK GO'S Children 0/0/2/2 $38.02 #50
O HIGH ISH 0/1/1/2 $38.02 #54
O GE MAW 1/1/3/5 $95.05 #42
O BE SQUOT 1/1/2/4 $76.04 #30
O GE SHE AW NAW QUOT O QUAY 0/1/0/1 $19.01 #24
O MAW DWAY SHAW NO QUAY 1/2/3/6 $114.06 #33
PE NAY SE WAW NO QUOT 1/0/0/1 $19.01 #29
PE NAY SE WAW NAW QUOT 1/1/2/4 $76.04 #11
QUE MS 1/0/0/1 $19.01 #19
REY WAY ARO NO QUAW DO QUAY 0/1/0/1 $19.01 #27
ROUSSEAU, Zoe 0/1/1/2 $38.02 #55
SHAW GAW NAW SHE QUAY 0/1/0/1 $19.01 #48
SHAW WAW NO, Charlotte 0/1/5/6 $114.06 #7

SHAW BWAW NE MUT 1/0/0/1 $19.01 #17
SHAW WAW NO, Louis 1/1/3/5 $95.05 #9
SHAW WAW NE GAW BOW WE 1/1/6/8 $152.08 #25
SHING GWALK 1/1/1/3 $57.03 #16
TE BISH CO GE ZHICK 1/1/6/8 $152.08 #44
WAW WE YAW GE WAW NO QUAY 1/1/0/2 $38.02 #8
WAW SAY GE ZHICK 1/1/0/2 $38.02 #13
WAW DAY AWBAW NO QUAY 0/1/4/5 $95.05 #39
WAW O BAW NAW NUNG 1/0/0/1 $19.01 #45
WAW ME GWON 2/3/7/12 $228.12 #35
WAW BIN DE BAY 1/0/0/1 $19.01 #49

WAW BE JUG'S BAND

ANTWAINE & Mrs. 1/1/0/2 $38.02 #32
AW NE WE KEECE 2/1/1/4 $76.04 #27
AW MOSE'S Daughter 0/0/1/1 $19.01 #15
CHE GAW BE KE CHE WAW NO QUAY 0/1/0/1 $19.01 #34
KAY BAY GIN DUNG 2/1/2/5 $95.05 #28
KAY KAY KOONSE, Henry 2/4/3/9 $171.09 #3
KE WE TAW GE ZHICK 1/1/0/2 $38.02 #24
KE NE SE QUAY 0/1/1/2 $38.02 #18
KE CHE WAW BAW NO QUAY 0/1/0/1 $19.01 #8
KE DE QUAY 0/1/1/2 $38.02 #23
KO BAW GUM 1/1/0/2 $38.02 #5
LAFM QUAY 0/1/0/1 $19.01 #6
MAW CAW DAY PE NAY SE 1/0/1/2 $38.02 #12
MAY YAW ONSE 1/1/0/2 $38.02 #33
MEN DE MO YEA 0/1/0/1 $19.01 #21
NAW BAW NAW QUAW DO QUAY 0/1/2/3 $57.03 #9
NAW NE BAW WE QUAY 0/1/0/1 $19.01 #25
NAY WAW DAW BUN 1/3/2/6 $114.06 #19
O SHAW WAW CO PE NAY SE, Moses 1/0/0/1 $19.01 #30
O TAW PE TWO GE NAW NO QUAY 0/1/0/1 $19.01 #31
PAY WE CHE WUNG 0/1/2/3 $57.03 #7
PAY SHAW 0/1/3/4 $76.04 #14
PEDIRER, William 1/0/0/1 $19.01 #26
PINE, Paul 1/1/1/3 $57.03 #22
PINE, Jonis 1/0/0/1 $19.01 #20
REY WAY TWO ME GO QUAY 1/1/1/3 $57.03 #13
SAW WAW QUAY GAW BO 1/0/1/2 $38.02 #11
SHE BAW GE ZHICK 1/0/1/2 $38.02 #16
UM BWAY AW SE NO QUAY 0/1/3/4 $76.04 #17
WAISH KEY, Wm., Sis. & Bro. 1/1/1/3 $57.03 #2
WAISH KEY, John 1/1/7/9 $171.09 #4
WAISH KEY, Harry 1/1/5/7 $133.07 #10
WAW BE JUG Chief 1/1/2/4 $76.04 #1
WAW BOSE, Smith & Mrs. 1/1/0/2 $38.02 #29

O MAW NE MAW NE'S BAND

A GUE DOS 1/1/1/3 $57.03 #8
AW NAW QUOT 1/1/0/2 $38.02 #23
AW BO TWO GE ZHICK 1/1/0/2 $38.02 #5
AW NUM GO 1/0/0/1 $19.01 #16
BATTESE, John 1/1/2/4 $76.04 #15
CHUNG GISH CAW MO QUAY 0/1/0/1 $19.01 #17
KAW GAW AW SHE 1/1/1/3 $57.03 #24
MEG IGH YANSE 1/1/3/5 $95.05 #20
NAW NAW GOONSE 1/1/1/3 $57.03 #19
NAW WAW QUAY GE ZHE GO QUAY 0/1/2/3 $57.03 #14
NAW WAW QUAY PE NAY SE 1/1/0/2 $38.02 #2
NAW BE QUON 1/0/2/3 $57.03 #4
NAW KEY NAW 1/0/0/1 $19.01 #6
NAY TAW MEECE 2/1/0/3 $57.03 #12
O AM E SHOW GAW 1/2/0/3 $57.03 #27
O DAW BAW SAW SE NO QUAY 0/1/0/1 $19.01 #26
O MAW NE MAW NE Chief 3/3/1/7 $133.07 #1
O SAW WE GAW ZHEENCE 1/0/2/3 $57.03 #13
PAY KE NAW GAY 1/1/0/2 $38.02 #3
PAY BE QUAW SE NO QUAY 0/1/1/2 #38.02 #25
PE PE QUE WE SAUSE 1/1/2/4 $76.04 #7
PE NAY SE 1/0/0/1 $19.01 #21
QUAY QUAY COB 1/2/3/6 $114.06 #9
SAW GE MAW QUAY 0/1/0/1 $19.01 #10
TAW BE KOOSH 2/1/0/3 $57.03 #22
WAW SAY QUO UM 2/1/3/6 $114.06 #11
WAY WAW SAW MO QUAY 0/1/0/1 $19.01 #18

KAY BAY NO DIN'S BAND

ARNOLD, Phebe 0/1/0/1 $19.01 #10
AW KE NE BAW WE 1/1/4/6 $114.06 #7
AW BE TAW GE ZHICK 1/1/3/5 $95.05 #15
BROWN, William 1/2/2/5 $95.05 #5
BROWN'S, George Wife & Children 0/1/3/4 $76.04 #2
I YAW YAW NAW SE NO QUAY 0/1/0/1 $19.01 #9
KAY BAY NO DIN Chief 2/2/2/6 $114.06 #1
KE NAY AW BAW NO QUAY 0/1/2/3 $57.03 #14
MAW CO BWAW 1/2/0/3 $57.03 #4
NE GAW NAW SE NO QUAY 0/1/0/1 $19.01 #3
O GAW BAY YAW NAW QUOT 1/1/1/3 $57.03 #8
O MISH TE AWE 1/0/0/1 $19.01 #16
O WAY TOS MOON 2/0/0/2 $38.02 #6
QUAY GAW GE GANSE 0/1/0/1 $19.01 #13
RICE, Martha 0/1/0/1 $19.01 #11
SHE GAW GEE 2/2/2/6 $114.06 #12
WAY YAW WE DONE 1/0/0/1 $19.01 #17

SHAW WAN'S BAND

AW NE CAW WAW BAW NO QUAY 0/1/1/2 $38.02 #12
I YAW BE SE KUNG 1/1/1/3 $57.03 #4
KAY BAISH KUNG 1/1/1/3 $57.03 #13
KE WE TAW GE ZHE GO QUAY 1/1/2/4 $76.04 #2
KE ZHE GO QUAY 0/1/0/1 $19.01 #3
MAW NE AWN 0/1/1/2 $38.02 #11
ME GWANSE 1/3/2/6 $114.06 #7
ME GE SE NIN NE 1/1/4/6 $114.06 #10
ME GWANSE Grandchildren 0/0/2/2 $38.02 #17
MEN DO SKUNG 1/1/3/5 $95.05 #15
NAY YAW NAW QUOT 1/1/2/4 $76.04 #14
PAY SHE DAW QUO UNG 1/1/1/3 $57.03 #9
PAY SHE NIN NE BE 2/2/2/6 $114.06 #6
PE DAWG WE DAW MO QUAY 0/1/0/1 $19.01 #5
SHAW BE QUO UNG Bro. & Sister 2/1/0/3 $57.03 #8
SHAW WAN Chief 2/3/2/7 $133.07 #1
WAW SAY GE ZHE GO QUAY 0/2/1/3 $57.03 #16

PI AW BE DAW SUNG'S BAND

A DO SAY 1/1/5/7 $133.07 #19
AW BE TAW GE ZHICK 1/1/3/5 $95.05 #5
AW BE DAW SUNG, Edw. R. 1/1/1/3 $57.03 #45
BAW DWAY WAY AW SHE 1/1/3/5 $95.05 #14
CHE GAW GWON 1/1/4/6 $114.06 #9
E QUAY WAW GUN 0/1/0/1 $19.01 #48
JONES, Peter 1/1/1/3 $57.03 #44
KAY BAY O SAUSE 1/1/0/2 $38.02 #53
KE CHE PE NAY SE 1/0/2/3 $57.03 #3
KE WE TAW GE ZHICK 1/1/0/2 $38.02 #51
KE CHE KAY BAY O SAY 3/3/3/9 $171.09 #36
KE WE TAW NAW GO QUAY 0/1/0/1 $19.01 #39
MAW DOSH 2/1/3/6 $114.06 #2
MAW CAW DAY CO NE YEA 2/2/2/6 $114.06 #47
ME SQUAW BAW NO KAY 1/2/4/7 $133.07 #12
ME SAW ZEE 1/1/1/3 $57.03 #24
MO KE CHE WAW NO QUAY 0/1/4/5 $95.05 #26
NAW SAY QUO UM, Lucy 0/1/1/2 $38.02 #50
NAW WAW QUAY GE ZHE GO QUAY 0/2/5/7 $133.07 #49
NAW WAW DE GO 1/1/1/3 $57.03 #27
NE BAW NAW BE 2/2/4/8 $152.08 #35
NE SHE KAY PE NAY SE 1/1/0/2 $38.02 #16
NIG WIS, John 1/1/0/2 $38.02 #42
O GE NOS 1/1/3/5 $95.05 #17
O GAW BAY GE ZHE GO QUAY 0/1/0/1 $19.01 #43
O GE MAW PE NAY SE 1/1/0/2 $38.02 #33
O ZHE BAW YAW NAW QUAW NO QUAY 0/1/0/1 $19.01 #40
O BE WAW GE WAW NO QUAY 0/1/1/2 $38.02 #41

O ME NAW CAW MEE GO QUAY 0/1/2/3 $57.03 #18
O GE DAW NAW QUAW DO QUAY 0/1/3/4 $76.04 #20
ONCE NE SE NO QUAY 0/2/0/2 $38.02 #13
PAW KAW OOK 1/1/2/4 $76.04 #29
PAY BWAY NE AW SHE 1/1/1/3 $57.03 #23
PI AW BE DAW SUNG Chief 1/1/2/4 $76.04 #1
RICE, Luther 1/1/1/3 $57.03 #30
SAW GAW JEW 2/1/2/5 $95.05 #21
SAW GAW CHE WAY O SAY 1/1/2/4 $76.04 #25
SHAW WAW NE GO NAY BE 1/1/4/6 $114.06 #15
SHAY GHAW SAW ZHE DAY 1/1/4/6 $114.06 #7
SHE BAW GE ZHICK 1/2/2/5 $95.05 #52
SHE BAW GE ZHICK, Wm. 1/1/2/4 $76.04 #31
SHING GWAW NAW QUOT 1/1/2/4 $76.04 #37
TAY CAW ME GE ZHICK NAY SKUNG 2/1/0/3 $57.03 #6
TAY GE TOO 1/1/3/5 $95.05 #34
TAY KOZE 3/2/2/7 $133.07 #8
WAW BAW NO SAY 1/1/3/5 $95.05 #4
WAW BE GAY KAKE 1/1/3/5 $95.05 #10
WAW BE ME ME 1/1/1/3 $57.03 #46
WAY ZHE BAW 0/1/3/4 $76.04 #38
WAY GE MAW 1/1/1/3 $57.03 #32
WE SAW QUE DAY WE NIN NE 1/1/3/5 $95.05 #11
WE ME TE GO ZHE QUAY 2/1/0/3 $57.03 #22
WE AW WE NIND 1/1/3/5 $95.05 #28

MIXED BLOODS

ASHMAN, Frcoenoh 1/0/0/1 $19.01 #19
ASHMAN, Edward 1/2/5/8 $152.08 #17
ASHMAN, Henry C. 1/1/4/6 $114.06 #26
ASHMAN, Tecumsah 1/0/0/1 $19.01 #18
BENOIT, Peter 1/0/0/1 $19.01 #44
BODRISE, John B. 1/1/0/2 $38.02 #40
BOSVERT, Edward 0/0/2/2 $38.02 #85
BRIGGS, John 1/0/0/1 $19.01 #61
BRISBON, Narcissa 1/0/0/1 $19.01 #48
BROWN, George 1/0/0/1 $19.01 #80
BUCK, Mrs. Joseph 0/2/2/4 $76.04 #50
BUTTERFIELD, Charles 1/0/0/1 $19.01 #77
CADOTTE, Louis Sr. 1/1/2/4 $76.04 #31
CADOTTE, Lucy 0/1/0/1 $19.01 #8
CADOTTE, Charles 1/1/3/5 $95.05 #30
CADOTTE, Louis Jr. 1/0/0/1 $19.01 #28
CADOTTE, Alisese 1/1/0/2 $38.02 #37
CADOTTE, John B. 1/1/2/4 $76.04 #62
CADOTTE, Mrs. Angeline 0/1/0/1 $19.01 #82
CADOTTE, Mary Ann 0/1/2/3 $57.03 #38
CAMERON, Wm. 0/1/3/4 $76.04 #47
CAMERON, James A. 1/0/5/6 $114.06 #27

COTA, Henry 1/1/5/7 $133.07 #16
DESNOYER, Francis 0/1/2/3 $57.03 #59
EDWARD, ElleN 0/1/0/1 $19.01 #75
EDWARD, Arthur 1/0/0/1 $19.01 #74
EDWARDS, Sophia 0/1/4/5 $95.05 #5
ERMATINGER, Mrs. Thos. 2/2/3/7 $133.07 #32
ERMATINGER, Thomas Jr. 1/1/1/3 $57.03 #33
ESPENOR, Charlotte 0/1/0/1 $19.01 #78
GREENO, Wm. 1/0/2/3 $57.03 #56
GURNOE, John 1/1/6/8 $152.08 #3
GURNOE, Louis 1/1/5/7 $133.07 #12
GURNOE, Francis 1/1/6/8 $152.08 #6
HOLLOWDE, Jane 0/0/1/1 $19.01 #83
JOHNSON, Polly 0/1/0/1 $19.01 #4
JOHNSON, John M. 1/1/8/10 $190.10 #9
JOHNSTON, Wm. H. 1/0/4/5 $95.05 #11
JOHNSTON, George 1/0/6/7 $133.07 #10
JOHNSTON, Eliza 0/1/0/1 $19.01 #15
LABOUCHE, Francis 1/1/4/6 $114.06 #70
LACOY, Isadore 1/0/5/6 $114.06 #71
LEFOND, 0/1/0/1 $19.01 #68
LEMAY, Battise 1/1/0/2 $38.02 #52
LEMAY, Julia 0/1/0/1 $19.01 #53
LEPONSE, Louis 1/0/0/1 $19.01 #45
LESAY, Netonia 0/1/1/2 $38.02 #67
MARSHALL, David 0/0/1/1 $19.01 #79
MCNICKLIER, Joseph 2/1/3/6 $114.06 #39
ME SHOW, Amelia 0/1/1/2 $38.02 #41
MERO, Wm. 1/0/0/1 $19.01 #60
MESHEW, John B. 1/0/0/1 $19.01 #7
NOLAN, Michael 1/0/0/1 $19.01 #63
ORD, Jean Battise 0/0/1/1 $19.01 #58
PARMELEE, Mrs. John 0/1/2/3 $57.03 #64
PICKETTE, Francis 1/0/0/1 $19.01 #73
PICKETTE, Louisa 1/1/2/4 $76.04 #57
PICKETTE, John Battise 1/1/3/5 $95.05 #72
PLANT, Mrs. Battise 1/1/1/3 $57.03 #49
POISSON, Mrs. 0/0/4/4 $76.04 #65
POISSON, Louis 1/0/0/1 $19.01 #66
ROKETTE, Charles 1/1/1/3 $57.03 #29
ROLEAN, Julia 0/1/0/1 $19.01 #81
ROUSSAIN, Charlotte 0/1/4/5 $95.05 #1
ROUSSAIN, John 1/0/0/1 $19.01 #2
ROUSSAIN, Justin 1/1/1/3 $57.03 #36
SA DE BAUCHE, Louis 1/1/0/2 $38.02 #43
SAYRE, Forsant 1/0/0/1 $19.01 #84
SCHOOLCRAFT, Howare 0/0/1/1 $19.01 #24
SCHOOLCRAFT, Eveline 0/0/1/1 $19.01 #23
SCHOOLCRAFT, Alina 0/0/1/1 $19.01 #25
SECH BONO, Mrs. 0/1/2/3 $57.03 #54

20

SELONDRE, Mrs. F. 0/1/0/1 $19.01 #34
SELONDRE, Roselia 0/1/0/1 $19.01 #35
SHAW, Wm. 1/1/0/2 $38.02 #13
SHAW, Thomas 1/1/1/3 $57.03 #14
SPALDING, Charles 0/1/0/1 $19.01 #21
SPALDING, Ella 0/1/0/1 $19.01 #22
STAFFORD, Wm. 1/1/2/4 $76.04 #46
SUTTON, Wesley 0/0/1/1 $19.01 #69
TALLIOR, David 1/1/1/3 $57.03 #42
TARDIFF, Peter 1/1/0/2 $38.02 #51
TEEPLE, George 0/0/4/4 $76.04 #55
VAN REUSSELAER, Mary 0/1/4/5 $95.05 #20
WAISH KEY, Jane 0/1/7/8 $152.08 #76

NAW BAW NAY GE ZHICK'S BAND

AKEN 1/0/0/1 $3.16 #7
ASE BUN 1/1/4/6 $18.96 #12
AW QUT 0/1/0/1 $3.16 #4
AW PE TAW WAW 0/1/0/1 $3.16 #22
CECELIA 1/1/0/2 $6.32 #13
CHAW BAW QUAY 1/0/0/1 $3.16 #31
DOMINEKE 1/1/0/2 $6.32 #3
EMILY 0/1/0/1 $3.16 #8
JOSETTE 0/1/1/2 $6.32 #6
KAW GAY MEIG 1/1/0/2 $6.32 #29
KAW GE ZHE QUO UM 1/1/5/7 $22.12 #20
KAW BAY O MAW, Joseph 1/1/1/3 $9.48 #33
KE TAW KAW NIN NE 1/0/3/4 $12.64 #28
KE WAIN GWAW NE QUAY 0/1/4/5 $15.80 #34
KEY WAY QUO AW 1/0/5/6 $18.96 #10
MAW NEE 0/1/1/2 $6.32 #2
MAY AW BAW TOS 1/1/2/4 $12.64 #21
ME NON GAY 1/1/2/4 $12.64 #15
NE GAW NE PE NAY SE 1/0/0/1 $3.16 #24
NE WE KE NAW 1/1/1/3 $9.48 #23
NE BAW NAY GE ZHICK, Chief 1/1/2/4 $12.64 #1
NE BAW NAY GE ZHICK, Geo. 1/1/0/2 $6.32 #14
NE SHE KAY PE NAY SE 1/0/3/4 $12.64 #17
O NON GAY 1/0/0/1 $3.16 #16
PAW CAW NAW BAW NO 1/1/2/4 $12.64 #37
PAW CAW NAW BAW NO, Peter 1/1/2/4 $12.64 #39
PAW CAW NAW BAW NO, John B. 1/1/0/2 $6.32 #38
PAY ME NAW WAW 1/1/2/4 $12.64 #18
PE NAY SE WAW NAW QUOT 1/1/2/4 $12.64 #35
PE WAW SOME 0/1/2/3 $9.48 #11
PE NAY SE NAY GE ZHICK 1/1/1/3 #19
PE NE SHING 0/0/1/1 $3.16 #27
PETER 1/1/2/4 $12.64 #32
SABE QUAY 0/1/1/2 $6.32 #30
SHAY GO NAY BE 1/1/3/5 $15.80 #25
VALENIA'S CHILDREN 1/1/0/2 $6.32 #9
WAW NE NAY ME 0/1/1/2 $6.32 #36
WAW WAW NAISH CAW 0/2/0/2 $6.32 #26
WILLIAM 1/0/0/1 $3.16 #5

PAW BAW ME'S BAND

A NO MOAW SHING 1/1/2/4 $12.64 #13
CRAMPTON, John 1/0/0/1 $3.16 #9
KEY WAW DAY NAY 1/0/0/1 $3.16 #14

NAW BAW 0/1/2/3 $9.48 #11
NAW GE ZHE GO QUAY 0/1/1/2 $6.32 #8
NAY NAW GO NAY BE 1/0/0/1 $3.16 #2
O SHE BAW 0/1/1/2 $6.32 #4
PAY QUAY 1/1/3/5 $15.80 #10
PAY BAW ME, Chief 1/1/1/3 $9.48 #1
SHAW WAW NAW SE GAY 1/1/0/2 $6.32 #7
TONCHEY, Joseph 1/1/1/3 $9.48 #5
TUSH QUAY AW BAW 0/1/0/1 $3.16 #12
WAW BAW NO QUAY 0/1/3/4 $12.64 #3
WE QUAISH COTAY QUAY 0/1/0/1 $3.16 #6

SHAW BE QUO UNG'S BAND

A DE DO & Bro. 2/0/0/2 $6.32 #35
AEBAY DE NO QUAY 0/1/0/1 $3.16 #44
AISH KE BAW GAW DUNG 1/1/3/5 $15.80 #16
AISH QUAY CAW MIG 1/1/2/4 $12.64 #21
AISH KE BAW GOSH 1/0/0/1 $3.16 #11
AKEN RESETTE 1/0/0/1 $3.16 #22
ATOW WE NAW BAY 1/1/2/4 $12.64 #34
AW ZHE WAW NAW QUAW DO 1/0/0/1 $3.16 #50
CAW WAY O WAY 1/0/0/1 $3.16 #31
COTAY, Peter 1/2/4/7 $22.12 #6
DAW WAW QUAY 0/1/0/1 $3.16 #20
IKIN NEECE 1/0/0/1 $3.16 #13
JONES, John 1/1/0/2 $6.32 #37
JOSETTE 0/1/1/2 $6.32 #17
KAW GE GAY QUO UNG, Bro. & Sis. 1/1/1/3 $9.48 #43
KAW SHE GAY, David 1/0/0/1 $3.16 #49
KAY BAISH KUNG 1/1/0/2 $6.32 #52
KAY SHE AW WAY 1/1/0/2 $6.32 #19
KE SIS SO QUAY 0/1/1/2 $6.32 #42
KE SIS 1/1/1/3 $9.48 #48
KEY WAY GE ZHE GO QUAY 0/1/2/3 $9.48 #23
MAW CAW TAY 1/1/1/3 $9.48 #24
MAW CAW DAY WAW GOSH 1/0/0/1 $3.16 #8
MAY SE TAW 1/1/1/3 $9.48 #36
ME SHE KAY 1/0/0/1 $3.16 #30
ME SHAW QUAW DO QUAY 0/1/0/1 $3.16 #5
MICK SE NIN NE 1/2/1/4 $9.48 #27
NAW OH 0/1/0/1 $3.16 #29
NAW MAY GOOSH 1/1/1/3 $9.48 #26
NAW SAISH AW MO QUAY 0/1/0/1 $3.16 #28
PAY QUAY NAY SKUNG 1/0/0/1 $3.16 #33
PAY SHE NIN NE 1/2/3/6 $18.96 #4
PAY SHE CAW NO QUOSH 1/0/0/1 $3.16 #14
PE SHOW 0/1/0/1 $3.16 #47
PE NAY SE WAW BUN 0/1/1/2 $6.32 #32
SAW GAW QUAW NUNG 1/1/0/2 $6.32 #46

SAW GAW SE GAY 1/0/1/2 $6.32 #45
SAW NAW QUOT 1/1/0/2 $6.32 #10
SHAW WAW 1/0/0/1 $3.16 #12
SHAW WAW NE GE ZHICK 1/1/3/5 $15.80 #15
SHAW BE QUO UNG, Chief 1/1/0/2 $6.32 #1
SHAW WAW NO QUAY 0/1/0/1 $3.16 #18
SHE SHE BAUSE 1/1/1/3 $9.48 #2
SQUAW JAW NEY 1/1/3/5 $15.80 #9
TONG QUIST 1/1/0/2 $6.32 #38
USH TAY QUOT 2/1/1/4 $12.64 #25
USH TAY AW SUNG 1/1/0/2 $6.32 #7
WALK SHE QUAY 0/1/0/1 $3.16 #39
WAW BE PE NAY SE & Sister 1/1/0/2 $6.32 #41
WAW BE ME ME 1/1/0/2 $6.32 #51
WAW BE GE NE QUAY 0/1/0/1 $3.16 #3
WAW SAW QUO UM 1/1/2/4 $12.64 #40

MAISH KAW'S BAND

AISH KE BAW GE NE KAY 1/1/0/2 $6.32 #11
AKEN 1/1/2/4 $12.64 #24
AW NE MWAY WAY 1/1/0/2 $6.32 #41
AW BWAY QUO UM 1/1/0/2 $6.32 #34
AW BE NAW BAY 1/0/0/1 $3.16 #39
AW WAW GEECE 0/1/0/1 $3.16 #45
CONE, Wm. 1/0/0/1 $3.16 #4
ELLEOTT, Joseph 1/2/1/4 $12.64 #8
ELLIOTE, David H. 1/1/1/3 $9.48 #9
JENNERO, Lewis 1/1/4/6 $18.96 #3
KAW BE ME NE GAW NE 1/0/0/1 $3.16 #26
KAW GAW GE WAY 1/1/0/2 $6.32 #44
KEY O CUSH CUM 2/1/3/6 $18.96 #38
KIN ME WE GE ZHE GO QUAY 0/1/0/1 $3.16 #17
MAISH KAW, Chief 2/1/3/6 $18.96 #1
MAW OH 0/1/0/1 $3.16 #42
MAW DO KAY 1/1/1/3 $9.48 #37
MAW CO GE QUAY 0/1/1/2 $6.32 #29
MAW CAW TAY WE SAY 1/1/2/4 $12.64 #10
MAY NEE SHAW WAY 1/0/0/1 $3.16 #46
MAY SE DWAY WE NIN NE 1/0/0/1 $3.16 #18
ME NE SE NO QUAY 0/2/1/3 $9.48 #19
ME TAW SAW 0/1/2/3 $9.48 #33
MICK SE NAW BAY 1/1/2/4 $12.64 #25
MON GAW NAW QUAW DO QUAY 0/1/2/3 $9.48 #40
NE GE GOOSH 1/1/0/2 $6.32 #32
NE BE NO QUAY 0/2/0/2 $6.32 #35
NE TE NO KAY 1/1/2/4 $12.64 #20
NE HE NE SEH 1/2/2/5 $15.80 #2
O PE TAW 0/1/0/1 $3.16 #23
OGE MAW PE NAY SE 1/1/2/4 $12.64 #27

PAW KAW KE NAW NAW QUOT 1/1/0/2 $6.32 #28
PAY BO NUNG 1/1/0/2 $6.32 #14
PAY BAW NE GAW BAW WE 1/1/2/4 $12.64 #16
PE TO WE GE ZHICK 1/1/3/5 $15.80 #7
PE KE BE 0/1/1/2 $6.32 #21
POSH TAW BUN 0/2/0/2 $6.32 #47
SE BE QUAY 0/1/1/2 $6.32 #43
SHAW WAW NAW QUO UM 1/2/1/4 $12.64 #13
SHAW, Addison 1/1/3/5 $15.80 #5
SHAW BWAS 1/1/2/4 $12.64 #22
SHING GO KE 1/0/0/1 $3.16 #30
TO NE BWAW 1/1/1/3 $9.48 #6
WALK SHE QUAY 0/1/1/2 $6.32 #12
WAUB I IN 1/1/2/4 $12.64 #15
WAW WE AW SE TOE 1/1/0/2 $6.32 #36
WAW BE MONG 1/1/0/2 $6.32 #31

                    KAW BE MO SAY'S BAND

AIN NE ME KE WAY 1/2/5/8 $25.28 #8
AISH KE BAW GOSH 1/1/2/4 $12.64 #6
AW TAW GE WE NAUG 0/1/1/2 $6.32 #13
CAUB MOO SAY, Wm. 1/1/2/4 $12.64 #4
CAUB MOO SAY, Antoine 1/1/2/4 $12.64 #5
CHING GWON 1/1/4/6 $18.96 #14
KAW BE MO SAY, Chief 2/2/3/7 $22.12 #1
MAW GE SHE SEH 1/0/0/1 $3.16 #11
MAW BEECE 1/1/2/4 $12.64 #12
ME NAW CHE QUAY 0/1/1/2 $6.32 #19
ME TAW KOO 1/1/3/5 $15.80 #15
ME NE SE NAY BE QUAY 0/1/3/4 $12.64 #10
NAW GAW NE QUO UNG 2/2/3/7 $22.12 #3
PE TO BE 1/1/3/5 $15.80 #18
SHAW BOO 2/2/2/6 $18.96 #2
SHAW BE QUO UM 1/0/0/1 $3.16 #17
SHAW BOOSE, Infant Child 0/0/1/1 $3.16 #20
SHAW WAW NE GE ZHICK 2/1/4/7 $22.12 #7
SHAY GO NAY BE 1/1/1/3 $9.48 #16
WAW SAY YAW 0/1/3/4 $12.64 #9

                    CHING GWOSH'S BAND

CHING GWOSH, Chief 1/1/4/6 $18.96 #1
KAY GWAITCH 0/1/4/5 $15.80 #8
KE CHE NE 1/0/0/1 $3.16 #7
MARY ANN 0/2/7/9 $28.44 #6
MAW CHE WAS 0/1/0/1 $3.16 #9
ME TAY QUAY 0/1/0/1 $3.16 #2
ME TAY WIS 1/2/4/7 $22.12 #4
O SAW BICK 1/1/0/2 $6.32 #3

                            25

PE TAW WAW NAW QUOT 1/1/0/2 $6.32 #5

NE GAW BE'S BAND

BATTISE 1/0/0/1 $3.16 #11
I YAW ZHE WAW SHE 1/0/0/1 $3.16 #18
KAW BAY GE ZHE GO QUAY 0/1/1/2 $6.32 #10
KAW GE GAY BE 1/0/0/1 $3.16 #2
ME TO MO SAW GAW 0/1/1/2 $6.32 #4
ME SE NAY BE QUAY 0/1/2/3 $9.48 #15
NAW GAW NAW SHE 1/1/2/4 $12.64 #8
NE GAW BE, Chief 1/1/0/2 $6.32 #1
NE SHE KAY GAW 0/1/1/2 $6.32 #9
OTAW PE CAW 0/1/0/1 $3.16 #13
PAY QUO TUSK 1/0/0/1 $3.16 #3
PAY MAW NAW QUAW DO QUAY 0/1/3/4 $12.64 #14
PE NAY SE WE GE ZHICK 1/1/2/4 $12.64 #6
PE TAW QUAW AW 0/1/1/2 $6.32 #7
PE TAW SAW MO QUAY 0/1/2/3 $9.48 #16
QUAY QUAY SAW MO QUAY 0/1/1/2 $6.32 #5
SHAY BWAY YACE 1/0/0/1 $3.16 #17
SKO TE SE MIN 1/1/2/4 $12.64 #12

SHAY QUAY NAW'S BAND

AISH QUAY O SAY 1/1/5/7 $22.12 #5
AW ZHE WAW 0/1/0/1 $3.16 #6
AW ZHE WAY GE ZHICK 1/1/2/4 $12.64 #10
KAW BAW BAW SE QUE 0/1/2/3 $9.48 #4
KAY NE NAW NAW 1/1/1/3 $9.48 #11
KAY WIS 1/1/1/3 $9.48 #12
KE SIS SWAW BAY 1/1/1/3 $9.48 #2
KIN NE SHE QUAY 1/1/0/2 $6.32 #7
MAW SO 1/0/0/1 $3.16 #13
ME SQUAW AW NAW QUOT 0/1/1/2 $6.32 #9
SHAW WAW NE PE NAY SE 1/0/0/1 #8
SHAY BWAY WAY 1/1/1/3 $9.48 #14
SHAY QUAY NAW, Chief 1/1/1/3 $9.48 #1
TUSH QUAY AW BAW NO 1/0/2/3 $9.48 #3

KAW GAY GAW BAW WE'S BAND

ANGELIQUE 0/1/2/3 $9.48 #15
AW BAW ME GWAW 0/1/1/2 $6.32 #7
AWN GE WE NAW 1/1/4/6 $18.96 #19
CHRISTINE 0/1/0/1 $3.16 #22
KAW GAY GAW BAW WE, Chief 2/1/4/7 $22.12 #1
MAW CHE CHE WAW 0/1/3/4 $12.64 #4
ME SAW BAY 1/1/3/5 $15.80 #20
NAIE KAY O SAY 1/0/0/1 $3.16 #2

NAW TAY, Mary 0/1/2/3 $9.48 #5
NAW GAW NE QUO UNG 1/1/1/3 $9.48 #21
NAY TAW NE NE SAY 0/1/1/2 $6.32 #17
PAY SHE NIN NE & Josette 1/1/0/2 $6.32 #10
PAY SHE TAW 0/1/1/2 $6.32 #11
PE TAW NAW NAW QUOT 1/0/0/1 $3.16 #12
SHAY GO NAY BE 1/1/0/2 $6.32 #14
SQUAW JAW NEY 1/0/0/1 $3.16 #18
TAW PAW SE GE ZHICK WAY UM 1/1/2/4 $12.64 #3
TAY GWAW QUON 1/2/4/7 $22.12 #6
TO TO GE TO 1/2/5/8 $25.28 #9
TUSH QUAY GE ZHICK 1/1/3/5 $15.80 #8
WAW HIN DAW WE TOE 1/1/0/2 $6.32 #16
WAW BAW SWAY 1/0/0/1 $3.16 #13

                    MAISH KE AW SHE'S BAND

AW ME KOONSE 1/1/2/4 $12.64 #9
AW WAW NE, Nancy 1/2/2/5 $15.80 #11
AW ME KOONSE 1st 1/1/1/3 $9.48 #7
CHING GAW BAW NO QUAY 0/1/0/1 $3.16 #14
GAW WAS Children 0/0/2/2 $6.32 #19
KAW WE TAW GE ZHICK 1/0/0/1 $3.16 #17
KAY GAY BEESH QUAY 0/0/1/1 $3.16 #20
KE SIS 1/1/1/3 $9.48 #10
KEY WE SAUCE 1/1/0/2 $6.32 #5
KIN NE BICK 1/1/2/4 $12.64 #4
MAISH KE AW SHE, Chief 1/0/1/2 $6.32 #1
MAW CAW DAY ME MAW 1/1/3/5 $15.80 #13
MO YACE 0/1/0/1 $3.16 #3
NAW KAY O SAY 1/0/0/1 $3.16 #2
O TAY ZHE 0/1/1/2 $6.32 #16
O KAW NAZE 0/1/0/1 $3.16 #8
PAY SHAW BUN 0/1/1/2 $6.32 #18
PE TAW WAW 0/1/2/3 $9.48 #6
SO AW DAW 1/1/1/3 $9.48 #12
WAY NIN DAW NE QUO UNG 1/1/0/2 $6.32 #15

                    WAW BE GAY KAKE'S BAND

ALIXSE 1/1/1/3 $9.48 #19
AW GHE WAY GE ZHICK 1/1/1/3 $9.48 #10
AW ZHONSE 1/1/2/4 $12.64 #12
I GAUGE 0/1/0/1 $3.16 #29
KAW BAISH CAW MO QUAY 0/1/1/2 $6.32 #8
KAW BAISH CAW MO QUAY 1/1/1/3 $9.48 #15
KE CHE 1/1/1/3 $9.48 #17
KE CHE BE NE O SAY 1/2/0/3 $9.48 #5
KE GO 1/0/0/1 $3.16 #14
KEY WAY CHE WON 1/1/1/3 $9.48 #25

```
KO KO KOO 1/0/0/1 $3.16 #27
MAW CAW DAY O QUOT, Wm. 1/1/0/2 $6.32 #4
MAY TWAY SE GAW 0/1/3/4 $12.64 #9
ME SHE GAY KAKE 1/1/2/4 $12.64 #31
ME CO PE ME QUAY 0/1/0/1 $3.16 #21
ME SAW CAW ME GO QUAY 0/1/0/1 $3.16 #6
NAW GAW NE QUO UNG 1/1/2/4 $12.64 #16
NE BE NAY AW DUNG 1/1/2/4 $12.64 #13
NE NE KE GWON 1/1/3/5 $15.80 #28
NIN GO TWAY 1/1/1/3 $9.48 #33
O SAW GEE 1/1/0/2 $6.32 #30
PAY ME SAW AW 1/0/1/2 $6.32 #34
PAY SHAW LAMARTIN 0/2/5/7 $22.12 #18
PAY SHE GE ZHICK 1/1/5/7 $22.12 #2
PE NAY SE MAW BUN 0/1/1/2 $6.32 #3
PE NAY SE WE GE ZHICK 1/1/1/3 $9.48 #24
QUAY QUAW 1/1/1/3 $9.48 #26
SAW GATCH 0/1/2/3 $9.48 #11
SHAW WAW SKO PE NAY SE 1/1/1/3 $9.48 #32
SHAW WAW NE PE NAY SE 1/1/0/2 $6.32 #22
WAW BE GAY KAKE, Chief 1/1/7/9 $28.44 #1
WAW HE NE BE QUAY 0/1/2/3 $9.48 #23
WAW BAW SO WAY 1/1/5/7 $22.12 #20
WAW BE TANG GWAY SE 1/1/0/2 $6.32 #7
```

SHAW GWAW BAW NO'S BAND

```
A TAW WAW GE WON 1/1/1/3 $9.48 #28
A GAW GO 2/0/1/3 $9.48 #10
AW KO ZHAY 1/0/0/1 $3.16 #15
AW SAW MAY GE ZHICK 1/2/5/8 $25.28 #21
AW ZHO QUAW 0/1/3/4 $12.64 #23
CHING GO QUO UM 1/1/0/2 $6.32 #12
JACKSON, Henry 1/1/2/4 $12.64 #32
KAW BAY AW SHE 1/1/1/3 $9.48 #27
KAY KAY KOONSE 1/1/2/4 $12.64 #33
KAY SAY GO NAY QUAY 0/1/0/1 $3.16 #40
KE TAW WAW BO 1/1/1/3 $9.48 #30
KEY GE DO QUAY 0/1/0/1 $3.16 #39
KEY WAY WAUSE 1/1/4/6 $18.96 #5
MAW CAW DAY 1/1/0/2 $6.32 #36
MAW CHE GO NAY BE 1/1/0/2 $6.32 #35
MAY YAW WAW SUNG & Sister 0/2/0/2 $6.32 #19
NAW TE NAISH CAW 1/2/3/6 $18.96 #29
NAW WE PAW 1/0/0/1 $3.16 #13
NE ME KE GWON 1/1/2/4 $12.64 #25
O SAW WOSH 0/1/1/2 $6.32 #26
O NAY GE KE 1/1/0/2 $6.32 #37
PAINE BAW TOE 1/1/4/6 $18.96 #9
PAY KAW NAW SE GAY 1/0/0/1 $3.16 #8
```

PAY GE ZHE MO QUAY 0/1/3/4 $12.64 #38
PE NAY SE QUAY 0/1/2/3 $9.48 #20
PE NAY SE WAW BE 1/1/1/3 $9.48 #24
PO NE SHING 1/0/0/1 $3.16 #17
PO NE SAY 1/1/1/3 $9.48 #18
PO TAY 1/0/0/1 $3.16 #14
SE NAW BAY 2/2/2/6 $18.96 #3
SHAW GWAW BAW NO, Chief 1/0/3/4 $12.64 #1
SHAW WAW NAW NO QUAY 0/1/0/1 43.16 #4
SHAW BO KEE 0/1/0/1 $3.16 #34
SHAW WAW NAW SE GAY 1/0/0/1 $3.16 #6
SHAW GAW SHE 1/0/0/1 $3.16 #16
SHE MAW GAW 1/1/0/2 $6.32 #31
WAW BE SKAW GAW 1/2/1/4 $12.64 #2
WAW BE GEENCE 2/1/3/6 $18.96 #11
WAW SAY GE ZHICK 1/1/1/3 $9.48 #22
WAY ME GWON 1/0/0/1 $3.16 #7

ME TAY O MEIG'S BAND

AISH QUAIB 1/1/2/4 $12.64 #34
AW BE TAW SUNG 1/2/2/5 $15.80 #4
AW SAW MAW NAW QUOT 1/0/0/1 $3.16 #18
BUCKWHEAT, John 1/0/0/1 $3.16 #32
CHAWN CAW ME QUO 2/1/2/5 $15.80 #6
CHE GAW NAW QUOT 1/1/1/3 $9.48 #7
CHE NE WAY, Solomon 1/0/0/1 $3.16 #12
KAW GAY GE NAW NO QUAY 0/1/0/1 $3.16 #13
KAY KAKE 1/1/2/4 $12.64 #25
KAY KAY KOONSE 1/0/0/1 $3.16 #26
KAY SHE WAY QUAY 0/1/2/3 $9.48 #35
KE NAW BAW WAY 1/0/0/1 $3.16 #21
KE ZHICK 1/1/3/5 $15.80 #22
KE ZHE GO QUAY 1/2/2/5 $15.80 #19
KO AW NAY 0/1/3/4 $12.64 #23
MCCLURE, Andrew 1/1/4/6 $18.96 #9
ME TAY O MEIG, Chief 2/1/3/6 $18.96 #1
ME NAW QUOT 2/1/2/5 $15.80 #2
ME SHE BE SHE 1/1/3/5 $15.80 #5
NAY NAW CAW NEE GE SKUNG 1/1/4/6 $18.96 #14
NAY AW BE TUNG 1/1/4/6 $18.96 #20
NE HE SAY BE QUAY 0/1/2/3 $9.48 #30
O GE MOS 1/1/3/5 $15.80 #33
PAW TWAY WE MUG 1/1/2/4 $12.64 #8
PAW NE BAW SE NO QUAY 0/1/1/2 $6.32 #31
PAY ME SAW DAW MO QUAY 0/1/2/3 $9.48 #29
PE NAY SE WE GE ZHE GO QUAY 0/1/2/3 $9.48 #24
PO TOSH 1/1/1/3 $9.48 #17
QUAY SAYMO 0/1/1/2 $6.32 #38
QUAY WACE 1/1/1/3 $9.48 #3

QUAY KE CHE WAW NO QUAY 0/1/1/2 $6.32 #28
QUAY CO CHE 1/1/2/4 $12.64 #15
SHAW BWANSE 0/1/1/2 $6.32 #36
WAIN DAW BE QUAY 0/1/0/1 $3.16 #27
WAW WE AW GAW SHE 1/1/1/3 $9.48 #16
WAY TAW GE WAW NO QUAY 0/1/1/2 $6.32 #37
WE SUG A MEIG 1/1/2/4 $12.64 #10
WE ZO 1/1/0/2 $6.32 #11

O PE GO'S BAND

AW MO WAY QUAY 0/2/0/2 $6.32 #4
AW ZHE NAW BE ME 1/1/1/3 $9.48 #3
MWAY AW BAW TOO 1/0/0/1 $3.16 #6
NAW ME NO QUAY 0/1/1/2 $6.32 #5
NAY WAW GO 1/1/2/4 $12.64 #2
NE O BAY 1/1/4/6 $12.64 #7
O PE GO, Chief 1/1/4/6 $18.96 #1

MAY ME SHE GAW DAY'S BAND

MAY MEBSHE GAW DAY, Chief 1/1/2/4 $12.64 #1
MICK WE NIN NE 1/0/0/1 $3.16 #5
NE GAW NE QUAY 0/2/0/2 $6.32 #6
PAY SHE GAW DAY 1/1/0/2 $6.32 #7
PAY SHAW BUN 0/1/2/3 $9.48 #4
QUAY QUAY CHE ME 1/1/1/3 $9.48 #2
SHAY ZHOSE 0/1/1/2 $6.32 #3

1858 PER CAPITA ROLL
SWAN CREEK & BLACK RIVER
CHIPPEWA

AN TO QUAH 1/1/1/3 $21.00 #7

ESH TON QUIT 1/2/5/8 $56.00 #1

GOKY, Lewis 1/1/0/2 $14.00 #5

GOKY, Ann 0/1/2/3 $21.00 #13

KING CHE WIN 0/1/2/3 $21.00 #10

KWA KE CHE WAN 1/1/1/3 $21.00 #2

MAS SHE KAH 1/1/2/4 $28.00 #6

MUCH WIN O QUA 0/1/0/1 $7.00 #11

NA PE 1/0/0/1 $7.00 #9

NAS SA QUM 1/0/0/1 $7.00 #8

QUE KE ZHICK 1/1/0/2 $14.00 #4

QUS E QUA 0/1/1/2 $14.00 #12

TURNER, William 1/1/5/7 $49.00 #3

1859 ANNUITY ROLL
GRAND RIVER OTTAWA OF MICHIGAN

NE BE NAY KE ZHICK'S BAND

A SE BAW 1/1/4/6 $8.22 #8
CHAW BAW QUAY 1/0/0/1 $1.37 #14
DOMINEKE 1/0/0/1 $1.37 #2
EMILY 0/1/1/2 $2.74 #7
I HAWK B KAY GON 1/0/1/2 $2.74 #9
JOSETTE 0/1/2/3 $4.11 #6
KE WAIN GWAW NE QUAY 0/1/1/2 $2.74 #16
KEY WAY AW SHE 1/0/1/2 $2.74 #5
KEY WAY GOSH 0/1/3/4 $5.48 #11
ME CO NAW 1/1/1/3 $4.11 #3
NAW BAW GAW NO NUM 0/1/0/1 $1.37 #17
NE BE NAY KE ZHICK, Wm. 1/0/0/1 $1.37 #15
NE BE NAY KE ZHICK, Chief 1/1/3/5 $6.85 #1
NE BE AW KE ZHICK, Geo. 1/1/1/3 $4.11 #10
PAY ME NAW WAW 1/1/3/5 $6.85 #12
ROBINSON, Mrs. Seth 0/1/1/2 $2.74 #4
ROBINSON, Mrs. Rise 0/1/1/2 $2.74 #13
WAW BE SKE MIN 0/1/0/1 $1.37 #18

PAY BAW ME'S BAND

A NON WAW SHIVE 2/1/2/5 $6.85 #23
AIN NE ME KE WAW 1/1/0/2 $2.74 #25
KAW GE SHE QUO UM 1/1/4/6 $8.22 #16
KAW GE GAY MEIG 1/1/0/2 $2.74 #27
KAY TE GAW CAW NIN NE 1/0/2/3 $4.11 #15
KEY WAY QUO UM 1/1/3/5 $6.85 #17
MAW CAW DAY WAW QUOT, Wm. 1/0/0/1 #29
MAW CAW DAY NAW QUOT, David 1/0/0/1 $1.37
MWAY AW BAW TOS 1/1/2/4 $5.48 #12
NAY NAW GO NAY BE 1/0/0/1 $1.37 #3
NE NON GAY 1/1/1/3 $4.11 #14
NE GAW NE PE NAY SE 1/0/0/1 $1.37 #26
NE QUAISH CO TAY QUAY 0/1/0/1 $1.37 #13
O CHE BAW 0/1/1/2 $2.74 #7
O TUSH QUAY AW BAW NO QUAY 0/1/0/1 $1.37 #11
O WAW NE QUAY 0/1/0/1 $1.37 #28
PAW CAW NAW BAW NO, Jas. B. 1/1/1/3 $4.11 #4
PAW CAW NAW BAW NO 1/1/1/3 $4.11 #2
PAW CAW NAW BAW NO, Peter 1/1/3/5 $6.85 #6
PAY BAW ME, Chief 1/1/1/3 $4.11 #1
PE TAW SAW MO QUAY 0/1/1/2 $2.74 #22
PE NAW SONCE 1/1/0/2 #19
PE AW NO 1/0/0/1 $1.37 #18
PE NAY SE NE KE ZHICK 1/1/1/3 #10

PO NE SHING 1/0/0/1 $1.37 #24
ROBINSON, Mrs. Henry 1/1/2/4 $5.48 #8
ROBINSON, John R. 1/0/2/3 $4.11 #20
SHAY GO NAY BE 1/1/4/6 $8.22 #21
SKIN NEECE 1/1/3/5 $6.85 #5
TONCHEY, Joseph 1/1/1/3 $4.11 #9

NE GAW BE'S BAND

BAILEY, Francis 1/0/0/1 $1.37 #11
BAILY, Bettese 1/1/2/4 $5.48 #7
ME SE NAY BE QUAY 0/1/2/3 $4.11 #9
ME CO PE ME QUAY 0/1/0/1 $1.37 #10
ME TE MO SAY GAW 0/1/1/2 $2.74 #2
NAW GAW NAW SHE 1/1/3/5 $6.85 #5
NE GAW BE, Chief 1/0/0/1 $1.37 #1
PAY ME NAW QUAW DO 0/1/3/4 $5.48 #8
PE NAY SE WE KE ZHICK 1/1/2/4 $5.48 #4
QUAY QUAY SAW MO QUAY 0/1/3/4 $5.48 #3
SMITH, Mrs. David 0/1/1/2 $2.74 #6

CHING GWOSH'S BAND

AW ME KOONSE Sen. 1/1/2/4 $5.48 #12
CHING GWOSH, Chief 1/1/4/6 $8.22 #1
KAY GWAITCH 0/1/2/3 $4.11 #9
KE CHE NE 1/0/0/1 $1.37 #7
ME TAY QUAY 0/1/1/2 $2.74 #2
NAW BE NE BE QUAY 0/1/1/2 $2.74 #8
PAY QUO TUSK 1/1/7/9 $12.33 #3
PAY QUAY 1/1/4/6 $8.22 #4
PE TAW WAW NAW QUOT 1/1/0/2 $2.74 #5
PO KE BE 1/0/1/2 $2.74 #11
SHAW WAW NAW SE GAY 1/1/1/3 $4.11 #6
SHE MAW GAW 1/1/0/2 $2.74 #10

O PE GO'S BAND

MAW BEECE 1/1/2/4 $5.48 #4
MWAY AW BAW TOE 1/1/1/3 $4.11 #2
NE O BE 1/1/4/6 $8.22 #3
O PE GO, Chief 1/1/4/6 $8.22 #1

KAW GAY GAW BO WE'S BAND

A AW TAY, Mrs. 0/1/1/2 $2.74 #3
AIN NE MWAY NAY 1/1/0/2 $2.74 #20
AIN NE ME KE NAY 1/1/5/7 $9.59 #21
AW SAW MAY KE ZHICK 1/1/5/7 $9.59 #7
BAILEY, Mrs. Francis 0/1/1/2 $2.74 #18

CHING GAW QUO UM 1/1/2/4 $5.48 #24
KAW GAY GAW BO WE, Chief 1/1/5/7 $9.59 #1
KAW BAY BOOSH QUAY 0/0/1/1 $1.37 #4
KE CHE 1/1/1/3 $4.11 #9
MIN DE NEOSE 0/1/0/1 $1.37 #8
NING GO TWAW 1/1/2/4 $5.48 #16
O PE TAW 0/1/0/1 $1.37 #10
O GE MAW PE NAY SE 1/1/4/6 $8.22 #6
PE NAY SE WAW BE 1/1/2/4 $5.48 #19
PE TAW WAW NAW QUOT 1/1/1/3 $4.11 #15
PODS, Mrs. Joe 0/1/1/2 $2.74 #23
ROBINSON, Mrs. Geo. 0/1/1/2 $2.74 #5
SAW GAW SE GAY 1/0/1/2 $2.74 #14
SE GE GUOSH 1/1/1/3 $4.11 #13
SHAW, Addison C. 1/1/4/6 $8.22 #22
SO AW DAW 1/1/2/4 $5.48 #11
TAW PAW SE KE ZHICK WAY UM 1/1/3/5 $6.85 #2
TO TO GE TOO 1/1/5/7 $9.59 #12
TONG GWISH 1/1/0/2 $2.74 #17

                    CAUB MO SAY'S BAND

AISH KE BAW GOSH 1/1/2/4 $5.48 #4
AW TAW GE NE NUM 0/1/1/2 $2.74 #7
CAUB MO SAY, Antoine 1/1/3/5 $6.85 #13
CAUB MO SAY, Chief 1/1/0/2 $2.74 #1
CAUB MO SAY, Geo. 1/1/0/2 $2.74 #2
KAW GE GE SEH 1/1/0/2 $2.74 #16
MAW BEECE 1/1/3/5 $6.85 #6
ME TAW KOO 1/1/3/5 $6.85 #17
ME NE SE NAY BE QUAY 0/1/0/1 $1.37 #15
NAW BAW MO SAY 1/1/1/3 $4.11 #12
NAW GAW NE QUO UNG 1/1/4/6 $8.22 #11
NAW SAY KE ZHICK 1/1/1/3 $4.11 #3
PE TO BE 1/1/4/6 $8.22 #9
SHAW BE QUO UM 1/1/5/7 $9.59 #14
SHAW BOO 1/0/3/4 $5.48 #10
SHAW WAW NE KE ZHICK 1/1/4/6 $8.22 #5
SHAY GO NAY BE 1/1/1/3 $4.11 #18
SHING GWON 1/0/4/5 $6.85 #8

                    MAISH CAW'S BAND

AISH KE BAW GE NE KAY 1/1/0/2 $2.74 #8
AW BE ME QUAW AW NO QUAY 0/1/0/1 $1.37 #24
AW BWAY QUO UM 1/1/0/2 $2.74 #15
CO TAY, Peter 1/0/2/3 $4.11 #13
CONE, William 1/0/0/1 $1.37 #3
E TAW WAW GE WON 1/1/1/3 $4.11 #21
ELLIOTT, Joseph 1/1/2/4 $5.48 #6

                         34

ELLIOTT, David H. 1/1/1/3 $4.11 #7
GENEREAU, Louis 1/1/3/5 $6.85 #2
KAW GE GAY BE 1/1/1/3 $4.11 #16
KAW KAW GO WAY 1/2/0/3 $4.11 #17
MAISH CAW, Chief 2/1/4/7 $9.59 #1
MAW CAW TAY O SAY 1/1/1/3 $4.11 #25
MAY ME SHAW WAY 1/0/1/2 $2.74 #18
ME SHE BE SHE 1/1/4/6 $8.22 #19
ME NE SE NO QUAY 0/2/2/4 $5.48 #11
MICK WE NIN NE 1/1/0/2 $2.74 #23
NAW GE GHE GO QUAY 0/1/0/1 $1.37 #27
NAW KAY O SAY 1/1/0/2 $2.74 #10
NE BAY DE NO QUAY 0/1/0/1 $1.37 #20
O SAW WOSH 0/1/1/2 $2.74 #22
PE WOSH 1/0/0/1 $1.37 #14
PE TO NE KE ZHICK & Bro. 1/1/3/5 $6.85 #5
POSH TAW BUN 0/1/1/2 $2,74 #26
RESSETTE, Aken 1/1/2/4 $5.48 #12
TAW MAW SE QUAY 0/1/0/1 $1.37 #28
TO NE BWAW 1/1/2/4 $5.48 #4
WALK SHE QUAY 0/1/2/3 $4.11 #9

SHAW GWAW BAW NO'S BAND

A GAW, Josette 0/1/0/1 $1.37 #9
A GAW GO 1/0/1/2 $2.74 #10
AIN NE MO KE QUO 1/1/3/5 $6.85 #27
AW BWAY GO NAY BE 1/1/1/3 $4.11 #17
AWN GE WE NAW 1/1/4/6 $8.22 #3
KAW BAY AW SHE 1/1/3/5 $6.85 #28
KAY KAY KOONSE 1/1/2/4 $5.48 #31
KE BAW WAW BE 1/0/1/2 $2.74 #30
KE GE DO QUAY 0/1/0/1 $1.37 #38
KEY DAW 1/0/0/1 $1.37 #34
KEY WAY WAINCE 1/1/3/5 $6.85 #5
MAW CHE GO NAY BE 1/1/1/3 $4.11 #33
MAY YAW MAW SUNG 0/0/2/2 $2.74 #24
ME NAW CHE QUAY 0/1/1/2 $2.74 #40
NAW WE CAW 1/1/1/3 $4.11 #15
NAW BAIN DAW BE TOO 1/1/0/2 $2.74 #26
NAY ME GWON 1/0/0/1 $1.37 #6
NE YAW NE QUAY 0/1/0/1 $1.37 #12
NE SHE NAW BAY QUAY 0/1/1/2 $2.74 #2
O KUNG GE SHE MO QUAY 0/1/3/4 $5.48 #36
O NAY GA KE 1/0/0/1 $1.37 #35
PAIN BAW TOO 1/1/4/6 $8.22 #8
PAW SHE TAW 0/1/1/2 $2.74 #25
PE TAY 1/1/1/3 $4.11 #16
PE NAY SE WE KE ZHICK & Child 0/1/1/2 $2.74 #37
PO NE SAY 1/1/3/5 $6.85 #23

PO NE SHING 1/0/0/1 $1.37 #21
SAW GAW ME QUO UNG 1/1/1/3 $4.11 #7
SAY SAY GO NAY QUAY 0/1/1/2 $2.74 #39
SCOTT, Levi 1/1/4/6 $8.22 #29
SE NAW BAY 1/1/4/6 $8.22 #4
SHAW QWAW BAW NO, Chief 1/1/3/5 $6.85 #1
SHAW BE GEE 0/1/0/1 $1.37 #32
SHAW GAY SHE 1/0/1/2 $2.74 #19
SHAY GO NAY BE 1/1/2/4 $5.48 #22
TAW YEA QUAY QUAW 1/1/4/6 $8.22 #20
TUSH QUAY KE ZHICK 1/1/3/5 $6.85 #18
WAW BE WIN DE GO 1/1/1/3 $4.11 #14
WAW BE ZEE NEE 1/1/3/5 $6.85 #13
WE ZO 1/1/0/2 $2.74 #11

NE BE NE SEH'S BAND

AIN NE BAW GAW SUNG 1/1/4/6 $8.22 #9
AW BE NAW BAY 1/0/0/1 $1.37 #21
JONES, John 1/1/0/2 $2.74 #4
KAW BE ME NE GAW NE 1/0/0/1 $1.37 #14
KAW BAY YAW 0/1/0/1 $1.37 #25
KAY SHE SHAW WAY QUAY 0/1/2/3 $4.11 #6
KAY NE NAW WAW 1/1/0/2 $2.74 #29
KE NE SHE QUAY Daughters 0/0/2/2 $2.74 #12
KEY WAY CUSH CUM 2/1/3/6 $8.22 #20
MAN GAW NAW QUAW DO QUAY 0/1/1/2 $2.74 #22
MAN DO KAY 1/1/2/4 $5.48 #19
MAW OH 0/1/0/1 $1.37 #23
MAW SO 1/0/0/1 $1.37 #27
MAW CAW DAY ME NUM 1/1/3/5 $6.85 #28
ME TAY WIS 1/2/4/7 $9.59 #32
ME SHE CAW 1/0/0/1 $1.37 #30
MICK SE NAW BAY 1/1/3/5 $6.85 #13
NAUB SIN 1/1/4/6 $8.22 #8
NE BE NE SEH, Chief 1/1/2/4 $5.48 #1
NO TE NO KAY 1/1/3/5 $6.85 #2
O SAW O BICK 1/1/0/2 $2.74 #31
PAW KE CAW NAW NAW QUOT 1/1/2/4 $5.48 #15
PAY BAW ME GAW BONE 1/1/2/4 $5.48 #10
PAY BONE UNG 1/1/0/2 $2.74 #7
PE NAY SE WAW BUN 0/1/2/3 $4.11 #3
SE BE QUAY 0/1/1/2 $2.74 #24
SHAW BWOS 1/1/1/3 $4.11 #11
SHING GO KE 1/0/0/1 $1.37 #16
WALK SHE QUAY 0/1/1/2 $2.74 #5
WAW BE PE NAY SE 1/1/0/2 $2.74 #26
WAW BE NE ONG 1/0/0/1 $1.37 #17
WAW WE ES TO 1/1/1/3 $4.11 #18

SHAW BE QUO UNG'S BAND

A GAW WAW 1/1/2/4 $5.48 #6
AISH SE BAW GOOSH 1/0/2/3 $4.11 #4
AW DE DO 2/0/0/2 $2.74 #25
AW BE TAW QUAW DO 0/1/0/1 $1.37 #26
AW ZHE WAW NAW QUAW DO 1/0/0/1 $1.37 #27
BINGHAM, Sarah 0/1/0/1 $1.37 #29
CRAMPTON, John 1/1/1/3 $4.11 #16
E TO WE NAW BAY 1/1/3/5 $6.85 #24
KAW WAY O WAY 1/1/1/3 $4.11 #23
KAW SHE GAY, David 1/0/0/1 $1.37 #12
KE SIS SO QUAY 0/2/2/4 $5.48 #9
KE SIS 1/0/0/1 $1.37 #11
MAW CAW DAY 1/1/1/3 $4.11 #19
MAW CAW DAY WAW GOOSH 1/0/0/1 $1.37 #2
MAY SE TAY 1/0/0/1 $1.37 #8
ME SHAW QUAW DO QUAY 0/1/0/1 #15
MICK SE NIN NE 1/1/3/5 $6.85 #21
NAW MAY GUSE 1/1/1/3 $4.11 #20
NAW BE ME ME 1/1/1/3 $4.11 #28
PAY SHE CAW MO GOOSH 1/1/0/2 $2.74 #5
PAY SHE NIN NE 1/1/3/5 $6.85 #14
PAY QUAY NAY SKUNG 1/1/0/2 $2.74 #7
SAY GAW QUAY HUNG 1/0/0/1 $1.37 #10
SHAW BE QUO UNG, Chief 1/1/0/2 $2.74 #1
SHAW NAW SHE KE ZHICK 1/1/4/6 #17
SHAY AW NO QUAY 0/1/0/1 $1.37 #18
SQUAW JAW MEG 1/1/4/6 $8.22 #3
USH TAY QUOT 1/1/2/4 $5.48 #13
WAW SAY QUO UM 1/1/2/4 $5.48 #30
WAW OH 0/1/0/1 $1.37 #22

WAW BE GAY KAKE'S BAND

AW ZHE NAY KE ZHICK 1/1/1/3 $4.11 #12
AW ZHONSE 0/1/3/4 $5.48 #13
KAW BAISH CAW NO QUAY 0/1/1/2 $2.74 #11
KEY WAY CHE MU 1/1/2/4 $5.48 #7
ME SAW CAW ME GO QUAY 0/1/0/1 $1.37 #3
NAW O NAY ME 0/1/1/2 $2.74 #6
PAY SHAW LAMARDIER 1/1/6/8 $10.96 #14
PAY SHE KE ZHICK 1/1/5/7 $9.59 #2
QUAW QUAW 1/1/2/4 $5.48 #8
SAW GOTCH 0/1/2/3 $4.11 #4
SHAW SHAW WAW NAY BECE 1/0/0/1 $1.37 #5
SHAW NAW SKO PE NAY SE 1/1/1/3 $4.11 #9
WAW BE GAY KAKE, Chief 1/1/5/7 $9.59 #1
WAW BE TAY QUAY SE 1/0/1/2 $2.74 #10

AISH QUAY O SAY'S BAND

AISH QUAY CAW MIG 1/1/2/4 $5.48 #13
AISH QUAY O SAY, Chief 1/1/5/7 $9.59 #1
AW ZHE NAW 0/1/0/1 $1.37 #5
AW ZHE WAY KE ZHICK 1/1/3/5 $6.85 #8
KAY WIS 1/1/2/4 $5.48 #9
KE WAY DE NO QUAY 0/1/1/2 $2.74 #6
KE SIS NAW BAY 1/1/2/4 $5.48 #3
ME SHE GAY KAKE 0/1/0/1 $1.37 #11
O PAY SHAW 0/1/1/2 $2.74 #14
PAY MO SAY & Daughter 0/1/1/2 $2.74 #2
SHAW BWAY WAY 1/1/1/3 $4.11 #10
SHAW WAW NE PE NAY SE 1/0/0/1 $1.37 #7
TUSH QUAY AW BAW NO 1/1/4/6 $8.22 #4
USH TAY AW SUNG 1/1/1/3 $4.11 #12

MAISH KE AW SHE'S BAND

AW ME KOONSE Jr. 1/1/1/3 $4.11 #6
CHING GAW BAW NO QUAY 0/1/0/1 $1.37 #10
KAW WE TAW KE ZHICK 1/2/3/6 $8.22 #12
KE SIS 1/0/0/1 $1.37 #8
KIN NE BICK 1/1/2/4 $5.58 #4
MAISH KE AW SHE, Chief 1/1/0/2 $2.74 #1
MAY SE SWAY WE NIN NE 1/0/0/1 $1.37 #14
ME SHALL 1/1/0/2 $2.74 #15
MO YACE 0/1/0/1 $1.37 #3
NAW KAY O SAY 1/0/0/1 $1.37 #2
O CAW NOZE 0/1/1/2 $2.74 #7
PAY SHAW BUN 0/1/3/4 $5.48 #13
PE TAW NAW 0/1/2/3 $4.11 #5
SHAY ZHOSE 0/1/1/2 $2.74 #16
USH TAY AW SUNG 1/0/0/1 $1.37 #9
WAY MIN DAW NE QUO UNG 1/1/2/4 $5.48 #11

Simon KIN NE WE KE ZHICK'S BAND

ANDERSON, Mrs. James 0/1/0/1 $1.37 #16
ANGELIQUE 1st 0/1/1/2 $2.74 #9
ANGELIQUE 2nd 0/1/0/1 $1.37 #17
AW MO WAY QUAY 0/1/1/2 $2.74 #2
BAW NAW BAY QUAY 0/1/2/3 $4.11 #4
BEDDOE, Mrs. Mary 0/1/4/5 $6.85 #6
KIN NE WE KE ZHICK, Simon (Chief) 1/1/0/2 $2.74 #1
LAMARAYEA, Alixese 1/1/2/4 $5.48 #14
MAW CAW DAY WAW QUOT 1/1/1/3 $4.11 #3
ME SUN ZEE 1/1/7/9 $12.33 #8
PE NAY SE 1/1/1/3 $4.11 #22
SHAW WON 1/1/1/3 $4.11 #10

38

SHAW WAW SE KE ZHICK 1/0/0/1 $1.37 #5
ST PIERRE, Alixse 1/0/6/7 $9.59 #18
TAY GWAW SUNG, James 1/1/6/8 $10.96 #12
TAY GWAW SUNG, Peter 1/0/0/1 $1.37 #11
TROMBLEY, F. Children 0/1/3/4 $5.48 #15
TRUCKEY, Antoine 1/1/1/3 $4.11 #21
TRUCKEY, Mrs. Jos. 0/1/1/2 $2.74 #19
WALK SHE QUAY 0/1/2/3 $4.11 #7
WAY BUN, Francis 1/1/0/2 $2.74 #13
WEBB, Mrs. Chas. 0/1/0/1 $1.37 #20

PAY SHAW SE GAY'S BAND

AW ZHE WATCH, Mose 1/1/3/5 $6.85 #2
BATTISE, John 1/1/3/5 $6.85 #8
DEVERUEX, Charles 1/1/3/5 $6.85 #6
INSIGH, Mrs. Jon. 0/1/5/6 $8.22 #7
KE ZHE GO PE NAY SE 1/0/0/1 $1.37 #10
MCGULPHIN, Matthew 1/1/0/2 $2.74 #9
MUSH KE AW NAW QUOT 1/1/1/3 $4.11 #5
PAY SHAW SE GAY, Chief 1/1/2/4 $5.48 #1
PERISSA, Jno. B. 1/1/5/7 $9.59 #3
SHAY AW SE NO QUAY 0/1/2/3 $4.11 #4

KAW BAY O MAW'S BAND

KAW BAY O MAW, Chief 1/1/1/3 $4.11 #1
KAW BAY KE ZHICK 1/1/0/2 $2.74 #4
MAU BEECE 0/0/1/1 $1.37 #8
NAW GAW NE QUO UNG 1/1/0/2 $2.74 #2
O TAW PE TAW 0/1/1/2 $2.74 #3
PE ME 1/1/1/3 $4.11 #6
SHAW WAW NAW SE GAY 1/1/0/2 $2.74 #7
SHE SHE BAUSE 1/1/1/3 $4.11 #9
WAW SAY YAW 0/0/1/1 $1.37 #5

KE CHE KE BE MO SAY'S BAND

AIN NE ME KEECE 1/0/0/1 $1.37 #7
AIN NE ME KE GWAW 1/1/3/5 $6.85 #10
KAW BAISH CAW MO QUAY 0/1/2/3 $4.11 #5
KE CHE KE BE MO SAY, Chief 1/1/2/4 $5.48 #1
KEY GOW 1/0/0/1 $1.37 #4
KO KO KO OH 1/0/0/1 $1.37 #9
MAY TWAY SE GAW 0/1/3/4 $5.48 #2
ME SHE GAY KAKE 1/1/3/5 $6.85 #11
NE BE NAY AW SUNG 1/1/2/4 $5.48 #3
O SAW GEE 1/1/1/3 $4.11 #14
PAY ME SAW AW 1/0/0/1 $1.37 #12
PE NAY SE WE KE ZHICK 1/1/2/4 $5.48 #8

WAW BAW SO NAY 1/1/5/7 $9.59 #6
WAY GE MAW'S Wife 0/1/0/1 $1.37 #13

MAY ME SHE GAW DAY'S BAND

AKEN 1/0/2/3 $4.11 #11
AW ZHE NAW BE ME 1/1/0/2 $2.74 #5
MAY ME SHE GAW DAY, Chief 1/1/1/3 $4.11 #1
ME SAW BAY 1/1/2/4 $5.48 #4
NAW BAW SO NAY 1/0/0/1 $1.37 #7
NAY WAW GOO 1/1/0/2 $2.74 #2
NE SEY A MEIG 1/1/2/4 $5.48 #8
PE TAW GE WON 1/1/1/3 $4.11 #10
PONTIAC 1/0/0/1 $1.37 #9
QUAY QUAY CHE ME 1/1/1/3 $4.11 #3
TAY BAW SE KE ZHICK NAY UM 1/1/0/2 $2.74 #6

1860 GOODS & SUPPLIES
OTTAWA & CHIPPEWA OF MICHIGAN

We the Chiefs of the Ottawa and Chippewa nation of Indians in the State of Michigan do hereby acknowledge the receipt and delivery to us and to our people by Andw. Mc Fitch Indian Agent of the following named Goods and Supplies due for the year 1860 in part fulfillment of Treaty Stipulations non Existing between The United States and the said Ottawas and Chippewa nation of Indians.

Given under our hands in the State of Michigan the 31st day of December 1860.

KAY BAY NO DIN
John WAISKEY
Edwd. O MAW NO MAW NE
PY AW BE DAW SING
SHAW WAW
O SHAW WAW NO
SHAW WAW NAY SE
NAW WE MAISH CO TAY
O SAW WAW NE ME KE
NAY O GE MAW
KE ZHE GO WE
WAW KAY ZOO
SIMON
SHAW WAN DAY SE
AW KO WE SAY
AISH QUAY GO NAY BE
WAW SAY QUO UM
KEY WAY CASH CUM
SHAW BWAY SUNG
KAY QUAY TO SAY
NAW O QUAY KE ZHICK
PAY ZHICK E WE KE ZHICK
SHAW BWAY NAY
SHAW BE CO SHING
SAW GAW NAW QUAW DO

WAY ZHE BAW NO WAY
MAW CHE PAW GO QUAY
PAY ZHICK NAY WE DUNG
O SHAW NAW SKO GE NIECE
CAUB MO SAY
MAISH KE AW SHE .
AISH QUAY O SAY
NE BE NAY KE ZHICK
PAY BAW ME
NE GAW BE
CHING GWOSH
O PE GO
KAW GAY GAW BONE
SHAW GWAW BAW NO
MAISH CAW
NE BE NE SEH
SHAW BE QUO UNG
WAW BE GAY KAKE
PE NAY SE
PAY SHAW SE GAY
KAW BAY O MAW
KE CHE AW KE BE MO SAY
MAY ME SHE GAW DAY
ME TAY O MEIG
WAW BE MAW NAY GUN

SIMON'S BAND

AW WAW NAW QUOT 1/0/0/1 $3.42 #3
MAW CAW DAY WAW QUOT 0/1/2/3 $10.26 #2
NAW O GWAW NAY BE 0/1/0/1 $3.42 #4
NE SA WA CO WE NAY, Steph. 0/1/0/1
SIMON, Chief 0/1/1/2 $6.84 #1

KE CHE KE BE MO SAY'S BAND

AKEN BELL 1/0/2/3 $10.26 #5
ISABELLA 0/1/0/1 #12
KAW BAISH CAW MO QUAY 0/1/1/2 $6.84 #9
KAY NE AW WAY 0/0/1/1 $3.42 #11
KE CHE KE BE MO SAY, Chief 1/1/2/4 $13.68 #1
KEY O BAW TO QUAY 0/1/4/5 $17.10 #3
MAY TWAY SE GAW 0/1/1/2 $6.84 #10
ME SHE GAY KAKE 1/1/1/3 $10.26 #6
NE BE NAW SHE 1/0/1/2 $6.84 #8
PE NAY SE WE KE ZHICK 1/1/1/3 $10.26 #7
PONTIAC 1/1/2/4 $13.68 #4
WAW BAW SO WAY 0/1/6/7 $23.94 #2

MAY ME SHE GAW DAY'S BAND

AW ZHE WAW BE ME 1/1/0/2 $6.84 #5
CHE GAW ME KE SAY 1/0/0/1 $3.42 #6
MAY ME SHE DAY, Chief -/-/-/- $-.- #1
ME SAW BAY 1/1/1/3 $10.26 #4
PAW GAW CHE QUAY 0/1/2/3 $10.26 #2
QUAY QUAY CHE ME 0/1/2/3 $10.26 #3

MAISH CAW'S BAND

AISH KE BAW GE NE GAY 1/1/0/2 $6.84 #19
AISH KE BAW GAW NAW QUOT 1/1/1/3 $10.26 #9
AKEN RESSETTE 1/1/2/4 $13.68 #6
AW BWAY QUO UM 1/1/2/4 $13.68 #7
AW BE QUO AW MO QUAY 0/0/1/1 $3.42 #33
BAW ZHE TAW BUN 0/1/1/2 $6.84 #23
CHE GAW ME QUAY 0/1/0/1 $3.42 #29
CO TAY, Peter 1/0/0/1 $3.42 #31
CONE, Wm. 1/1/0/2 $6.84 #11
E TAW WAW GE WON 0/1/1/2 $6.84 #10
ELLIOTT, Joseph 1/1/3/5 $17.10 #2
ELLIOTT, David H. 1/1/0/2 $6.84 #18
FITCH, A. M. 1/1/0/2 $6.84 #13

GENEREAU, Louis Jr. 1/1/0/2 $6.84 #24
GENEREAU, Louis 1/1/2/4 $13.68 #4
JOSETTE 0/1/1/2 $6.84 #14
KAW GE GAY BO, Mary 0/1/1/2 $6.84 #20
KAW GAY BEESH QUAY 0/0/1/1 $3.42 #34
KE CHE O CAW, Louis 0/1/0/1 $3.42 #26
MAISH CAW, Chief 1/1/3/5 $17.10 #1
MAW CAW DAY O SAY 1/1/0/2 $6.84 #12
MAY ME SHAW WAY 0/1/0/1 $3.42 #25
ME SHE BE SHE 1/1/2/4 $13.68 #8
MICK WE NIN NE 1/0/0/1 $3.42 #30
NAW KAY O SAY 1/1/2/4 $13.68 #5
NE DAW WAY QUAY 0/1/1/2 $6.84 #17
NE BAY DE NO QUAY 0/1/0/1 $3.42 #32
PE TO WE KE ZHICK 1/1/2/4 $13.68 #3
SHAW GAY SHE 0/1/0/1 $3.42 #27
SHAW WAW NAW NO QUAY 0/1/1/2 $6.84 #15
TAY BAIN DAWN 1/1/0/2 $6.84 #16
TO NE BWAW 1/0/0/1 $3.42 #28
WALK SHE QUAY 0/1/1/2 $6.84 #22
WAW WAW CHE NO DIN 0/0/1/1 $3.42 #35
WAW BE TANG GWAY SE 1/0/1/2 $6.84 #21

KAW GAY GAW BO WE'S BAND

AIN NE ME KE NAY 1/1/5/7 $23.94 #2
AIN NE MWAY WAY'S Child 0/0/1/1 $3.42 #26
AW NE MWAY WAW 1/1/1/3 $10.26 #13
AW SAW MAY KE ZHICK 1/1/4/6 $20.52 #3
CHING GAW QUO UM 0/1/3/4 $13.68 #8
KAW GAY GAW BO WE, Chief 1/1/1/3 $10.26 #1
KAY WAY CUSH CUM 1/1/0/2 $6.84 #17
KE CHE 1/1/0/2 $6.84 #16
MO SAY QUAY 0/1/1/2 $6.84 #18
NAW TAY, Mrs. 0/1/0/1 $3.42 #22
NAW TAY, Wm. 1/0/0/1 $3.42 #23
NE GE GWOSH 1/1/0/2 $6.84 #19
NE GAW NE SAY 1/0/1/2 $6.84 #15
O PE TAW 0/1/0/1 $3.42 #24
O GE MAW PE NAY SE 1/1/3/5 $17.10 #5
PE NAY SE WAW BE 0/1/3/4 $13.68 #7
PE TAW WAW NAW QUOT 1/0/0/1 $3.42 #21
PE NAY SE WAW NAW QUOT 1/1/1/3 $10.26 #14
POOLE, Mrs. Jas. 0/1/1/2 $6.84 #20
ROBINSON, Mrs. Geo. 0/1/2/3 $10.26 #11
SAW GAW TEH 0/1/0/1 $3.42 #25
SHAW, A. C. 1/1/2/4 $13.68 #9
SPIDER, Mrs. Jas. 0/1/3/4 $13.68 #10
TAY BAW SE KE ZHICK NAY UM 1/1/3/5 $17.10 #4
TO TO GE TOO 1/1/3/5 $17.10 #6

TONG GWISH 1/1/1/3 $10.26 #12

NE BE NAY KE ZHICK'S BAND

A SE BUN 1/1/4/6 $20.52 #2
CHAW BAW QUAY 1/1/2/4 $13.68 #7
DOMINEKE 1/1/2/4 $13.68 #6
MARTINO, Josette Y. 0/1/1/2 $6.84 #10
NAW BAW GAW WE NUM 0/1/1/2 $6.84 #12
NE BE NAY KE ZHICK, Chief 1/1/3/5 $17.10 #1
NE BE NAY KE ZHICK, Wm. 1/0/0/1 $3.42 #15
NE BE NAY KE ZHICK, Geo. 1/1/3/5 $17.10 #4
NIECE, Emily Y. 0/1/1/2 $6.84 #11
PAY ME NAW WAW 1/1/4/6 $20.52 #3
ROBINSON, Mrs. Henry 0/1/3/4 $13.68 #5
ROBINSON, Mrs. Rise 0/1/1/2 $6.84 #13
ROBINSON, Mrs. S. T. 0/1/2/3 $10.26 #9
WAW BAW SE GAY 0/1/2/3 $10.26 #8
WAW BE SKE MIN 0/1/1/2 $6.84 #14

CHING GWAW SHE'S BAND

AW ME KOONSE Sr. 1/1/1/3 $10.26 #10
BAY QUO TUSK 1/1/1/3 $10.26 #8
CHING GWAW SHE, Chief 1/1/6/8 $27.36 #1
KAW BAY YAW 0/1/2/3 $10.26 #9
ME TAY QUAY 0/1/0/1 3.42 #15
MWAY AW BAW TOE 1/1/3/5 $17.10 #6
NE O BE 1/1/5/7 $23.94 #2
O PE GO 1/1/4/6 $20.52 #3
PAY QUAY 1/1/3/5 $17.10 #4
PE SKO NATE 0/0/2/2 $6.84 #11
PE TAW WAW NAW QUOT 1/1/0/2 $6.84 #12
PO KE BE 1/1/0/2 $6.84 #14
SAIN WICK 1/0/0/1 $3.42 #16
SHAW WAW NAW SE QUAY 1/1/3/5 $17.10 #5
SHE MAW GAW 1/1/2/4 $13.86 #7
WAW BE ME QUAY 0/1/1/2 $6.84 #13

AISH QUAY O SAY'S BAND

AISH QUAY CAW MIG 1/1/2/4 $13.68 #7
AISH QUAY O SAY, Chief 1/1/1/3 $10.26 #1
AW ZHE WAY KE ZHICK 1/0/1/2 $6.84 #8
KAY WIS CAUGH 0/0/1/1 $3.42 #11
KAY WIS 1/1/3/5 $17.10 #4
KE SIS WAW BAW 1/1/3/5 $17.10 #3
KEY WAY DE NO QUAY 0/1/1/2 $6.84 #9
ME SQUAW NAW QUOT 0/1/0/1 $3.42 #10
SHAW BWAY WAY 1/1/3/5 $17.10 #5

TUSH QUAY AW BAW NO 1/1/5/7 $23.94 #2
USH TAY AW SUNE 1/1/3/5 $17.10 #6

SHAW BE QUO UNG'S BAND

A GAW WAW 0/1/3/4 $13.68 #7
AW ZHE WAW NAW QUAW DO 1/0/0/1 $3.42 #22
CRAMPTON, John 1/1/3/5 $17.10 #4
FOSTER, David K. 1/1/2/4 $13.68 #10
HOW DE DO & Bro. 1/0/1/2 $6.84 #17
KAW GE GAY QUO UNG 0/0/1/1 $3.42 #19
KE SIS SO QUAY 0/1/3/4 $13.68 #11
MAW CAW DAY WAW GOOSH 1/0/0/1 $3.42 #18
MAW CAW DAY 1/1/3/5 $17.10 #6
MAY SE TAY 1/0/0/1 $3.42 #20
ME SUN ZEE 1/1/7/9 $30.78 #2
NAW MAY GUSE 0/0/2/2 $6.84 #16
PAY SHE NIN NE'S Infant 0/0/1/1 $3.42 #23
PAY QUAY NAY SKUNG 1/0/2/3 $10.26 #12
PAY SHE NIN NE 1/1/2/4 $13.68 #8
PAY SHE GE ZHE GO QUAY 0/1/4/5 $17.10 #5
SAY GAW QUAY NUNG 1/1/1/3 $10.26 #15
SHAW WAW NE KE ZHICK 1/1/4/6 $20.52 #3
SHAW BE QUO UNG, Chief 1/1/0/2 $6.84 #1
SQUAW JAW MEG 1/1/2/4 $13.68 #9
WAW SAY QUO UM 0/1/2/3 $10.26 #14
WAW OH 0/1/0/1 $3.42 #21
WAW BE ME ME 0/1/2/3 $10.26 #13

KAW BAY O MAW'S BAND

DO NE GAY, Joseph 0/1/1/2 $6.84 #4
KAW BAY O MAW, Chief 0/1/1/2 $6.84 #1
MAW NE DONSE 0/1/0/1 $3.42 #6
MAW BACE 0/0/1/1 $3.42 #8
NAW NE ME GAY 0/1/0/1 $3.42 #7
NAW GAW NE QUO UNG 1/0/0/1 $3.42 #5
PE ANE 1/1/2/4 $13.68 #2
SHAW NAW NAW SE GAY 1/1/1/3 $10.26 #3

PAY QUO TUSK'S BAND

BAILEY, Battise 1/1/5/7 $23.94 #3
COWEN, Mrs. Geo. 0/1/7/8 $27.36 #2
KEY WAY GAW BO WE Bro. & Sis. 0/0/3/3 $10.26 #8
ME RE MO SAY GAW 0/1/1/2 $6.84 #10
MEN SE NO SCAW 1/0/0/1 $3.42 #12
PAY QUO TUSK, John 1/1/0/2 $6.84 #11
PAY ME NAW QUAW DO QUAY 0/1/3/4 $13.68 #6
PAY QUO TUSK, Chief 1/1/3/5 $17.10 #1

PE NAY SE WE KE ZHICK 1/1/2/4 $13.68 #4
SAMUEL 1/0/1/3 $10.26 #7
SHAW WAN 1/1/2/4 $13.68 #5
SMITH, Mrs. David 0/1/2/3 $10.26 #9

CAUB MO SAY'S BAND

AISH KE BAW GOSH 1/1/0/2 $6.84 #14
AW SE GOONSE 0/0/1/1 $3.42 #20
AW TAW GAW WE NUM 0/1/1/2 $6.84 #16
AW QUAY NE AW WAY 1/0/0/1 $3.42 #21
BAILEY, Francis 1/1/0/2 $6.84 #18
CAUB MO SAY, Chief 1/1/0/2 $6.84 #1
CAUB MO SAY, Wm. 1/1/1/3 $10.26 #12
CAWB MO SAY, Ant. 1/1/2/4 $13.68 #10
CHING GWON 1/0/3/4 $13.68 #9
KAW GE GE SEH 1/1/0/2 $6.84 #17
KE CHE PE NAY SE 1/1/0/2 $6.84 #15
MAW BEECE 1/1/4/6 $20.52 #4
ME TAW KOO 1/1/4/6 $20.52 #5
ME NE SE NAY BE QUAY 0/1/0/1 $3.42 #19
NAW GAW NE QUO UNG 1/1/6/8 $27.36 #2
PAY BE SHAY 0/1/1/2 $6.84 #13
PE TO BICK 1/1/5/7 $23.94 #3
SAW BE QUO UM, Adam 1/0/0/1 $3.42 #22
SAW BE QUO UM 1/1/2/4 $13.68 #8
SHAW WAW NE KE ZHICK 1/1/3/5 $17.10 #6
SHAW BOO 1/0/2/3 $10.26 #11
SHAY GO NAY BE 1/1/3/5 $17.10 #7

Jos. ME TAY WIS' BAND

AISH KE BAW GAW SUNG 0/1/4/5 $17.10 #2
AW BE MAW BE 1/1/1/3 $10.26 #11
HENRY, Charles 1/0/0/1 $3.42 #27
KAW BE ME NE GAW NE 1/0/0/1 $3.42 #25
KAY SHE SHAW WAY QUAY 0/1/1/2 $6.84 #14
KAY NE NAW WAW 1/1/0/2 $6.84 #18
KEY O CUSH CUM, Jac. 1/0/2/3 $10.26 #8
KEY O CUSH CUM 0/0/2/2 $6.84 #19
MAN DO KAY 1/0/0/1 $3.42 #29
MAN DO KAY'S Infant 0/0/1/1 $3.42 #30
MAN DO KAY, Charlotte 0/1/2/3 $10.26 #10
MAWN GAW NAW QUAW DO QUAY 0/1/2/3 $10.26 #12
MAY DWAY WAY 0/1/1/2 $6.84 #13
ME TAY WIS, Jos. Chief 1/1/5/7 $23.94 #1
MICK SE NAW BAY 0/1/0/1 $3.42 #20
NAW BAW 0/1/2/3 $10.26 #9
NE SA NA CO WE NAY'S, Step. Child 0/0/1/1 $3.42 #28
NOTE NO KAY 1/1/3/5 $17.10 #3

O SAW O BICK 1/0/0/1 $3.42 #22
PAW KE CAW NAW NAW QUOT 1/1/2/4 $13.68 #5
PAY BAW ME GAW BO WE 1/1/0/2 $6.84 #15
PAY BONE UNG 1/0/0/1 $3.42 #24
PE NAY SE QUAY'S Daughters 0/0/2/2 $6.84 #16
PE NAY SE NAW BAW NO QUAY 0/1/3/4 $13.68 #6
SE BE QUAY 0/1/1/2 $6.84 #17
SHAW BWOS 0/1/0/1 $3.42 #21
SHING GO KE 1/0/0/1 $3.42 #26
WALK SHE QUAY 0/1/0/1 $3.42 #23
WAUB SIN 0/1/3/4 $13.68 #4
WAW BE GWONSE 1/0/2/3 $10.26 #7

PAY BAW ME'S BAND

AIN NE WE KE WAW 1/1/0/2 $6.84 #24
CHARLOTTE 0/1/0/1 $3.42 #30
KAW GE GAY NIECE 0/1/0/1 $3.42 #27
KAW GE SHE QUO UM 1/1/4/6 $20.52 #3
KAW BAY GE ZHE GO QUAY 0/1/2/3 $10.26 #14
KAY TAW GE CAW NIN NE 1/1/2/4 $13.68 #11
KEY WAW DAW WAY 1/0/1/2 $6.84 #21
KEY WAY AW SHE 1/0/1/2 $6.84 #25
KEY WAY QUO UM 1/1/2/4 $13.68 #12
MAW CAW DAY NAW QUOT, W. 1/1/3/5 $17.10 #10
MAW CO MOTE 1/0/0/1 $3.42 #31
MAW CAW DAY WAW QUOT, D. 1/0/0/1 $3.42 #32
MWAY AW BAW TOE 1/1/3/5 $17.10 #7
NAY NAW GO NAY BE 1/1/1/3 $10.26 #15
O TISH QUAY AW BAW NO QUAY 0/1/0/1 $3.42 #29
O CHE BWAW 0/1/0/1 $3.42 #28
PAW CAW NAW BAW NO, P. 1/0/1/2 $6.84 #20
PAW CAW NAW BAW NO 1/1/4/6 $20.52 #2
PAW CAW NAW BAW NO, J. B. 1/1/3/5 $17.10 #6
PAY BAW ME, Chief 1/1/3/5 $17.10 #1
PE AW NO 1/1/1/3 $10.26 #17
PE NAY SE WE KE ZHICK 1/1/3/5 $17.10 #9
PE TAW SAW MO QUAY 0/1/2/3 $10.26 #19
PO NE SHING 1/1/0/2 $6.84 #26
ROBINSON, John R. 1/0/2/3 $10.26 #18
SHAY GO NAY BE 1/0/4/5 $17.10 #4
SHE GOG 1/1/0/2 $6.84 #22
SKIN NE NEECE 1/1/3/5 $17.10 #8
THERESA 0/1/1/2 $6.84 #23
TONCHEY, Jos. 0/1/2/3 $10.26 #13
WAW BE NE BE QUAY 0/1/4/5 $17.10 #5
WE QUAISH CO TAY QUAY 0/0/1/1 $3.42 #33
WE NON GAY 1/1/1/3 $10.26 #16

SHAW GWAW BAW NO'S BAND

A GAW GOW 1/0/1/2 $6.84 #24
AW BWAY GO NAY BE 1/0/1/2 $6.84 #22
AWN GE WE NAW 1/1/4/6 $20.52 #4
CAUB MO SAY, Mrs. Geo. 0/1/0/1 $3.42 #34
JOSETTE 0/1/0/1 $3.42 #29
KAY BAY AW SHE 1/1/1/3 $10.26 #14
KE CHE MAW NE AWN 0/1/2/3 $10.26 #13
KEY WE WAUSE 1/1/2/4 $13.68 #9
KEY WAY TAW WAW BE 1/1/3/5 $17.10 #8
MAW CHE WE TAW 0/1/1/2 $6.84 #18
MAW CHE GO NAY BE 1/1/2/4 $13.68 #12
MAY YAW WAW SUNG 1/0/0/1 $3.42 #32
MAY ME NWAW 1/1/0/2 $6.84 #21
ME SAW BAY'S Infant 0/0/1/1 $3.42 #37
MICK WE NIN NE'S Child 0/0/1/1 $3.42 #36
NAW WE CAW 0/0/1/1 $3.42 #27
NE SHE NAW BAY QUAY 0/1/0/1 $3.42 #28
NE GAW NE QUAY 0/1/0/1 $3.42 #31
O SHAW WAW SKO PE NAY SE 1/1/1/3 $10.26 #17
O BE MAW GE WAW NO QUAY 0/1/3/4 $13.68 #11
O NAY GAKE 1/1/1/3 $10.26 #16
PAIN BAW TOE 1/1/3/5 $17.10 #7
PAW ZHE TAW 0/1/0/1 $3.42 #33
PE TAY 0/1/1/2 $6.84 #19
PO NE SAY 1/1/5/7 $23.94 #3
SAY SAY GO NAY QUAY 0/1/1/2 $6.84 #26
SCOTT, Mrs. Levi 0/1/1/2 $6.84 #20
SE NAW BAY 1/1/4/6 $20.52 #5
SHAW GWAW BAW NO, Chief 1/1/2/4 $13.68 #1
SHAY GO NAY BE 1/1/0/2 $6.84 #25
SHOW E GAW 1/0/0/1 $3.42 #35
TAY YEA QUAW GWON 1/1/6/8 $27.36 #2
TUSH QUAY KE ZHICK 1/1/4/6 $20.52 #6
WAW SAISH CAW MO QUAY 0/1/1/2 $6.84 #23
WAW BIN DAW BE TOE 1/1/1/3 $10.26 #15
WAW BE WIN DE GO 1/1/2/4 $13.68 #10
WE ZO 1/0/0/1 $3.42 #30

PAY SHAW SE GAY'S BAND

AISH QUAY TAW GAW 0/1/0/1 $3.42 #14
AW ZHE WATCH, Moses 0/0/1/1 $3.42 #13
BATTISE, John 1/1/3/5 $17.10 #5
DEVERNEY, Charles 1/1/1/3 $10.26 #8
KE CHE GO PE NAY SE 1/1/1/3 $10.26 #10
KEY ME WON 1/0/0/1 $3.42 #16
KUSH KE MAW NE SAY 0/1/3/4 $13.68 #6
MCGULPHIN, Wm. 1/1/4/6 $20.52 #3

MCGULPHIN, Matthew 0/1/0/1 $3.42 #15
PAY SHAW SE GAY, Chief 0/1/0/1 $3.42 #1
PAY SH QUAW MO QUOSH 1/1/1/3 $10.26 #9
PE TAW BUN 0/1/1/2 $6.84 #12
PENISSA, John B. 0/1/4/5 $17.10 #4
SHAW BWAW SE GAY 0/1/6/7 $23.94 #2
SHAY AW SE NO QUAY 0/1/1/2 $6.84 #11
SNAY'S, Mrs. Children 0/0/4/4 $13.68 #7

PE NAY SE'S BAND

ANDERSON, Mrs. Jas. 0/1/2/3 $10.26 #7
ANGELIQUE 0/1/0/1 $3.42 #16
BEDDOE, Mrs. Mary 0/1/4/5 $17.10 #3
GENIA, Mrs. Chas. 0/1/1/2 $6.84 #10
KEY WAY QUO UM 0/1/1/2 $6.84 #8
PE NAY SE, Chief 0/1/0/1 $3.42 #1
SHAW WAW NE KE ZHICK 1/1/3/5 $17.10 #4
SHAW BE QUO AW MO QUAY 0/1/0/1 $3.42 #14
ST PERRIE, Alixse 1/0/3/4 $13.68 #5
STE PERRIE, John 1/1/0/2 $6.84 #11
TAY GWAW SUNG 1/0/0/1 $3.42 #17
TAY GWAW SUNG, J. 1/1/5/7 $23.94 #2
TROMBLY, LOUIS & Bro. 1/0/1/2 $6.84 #12
TROMBLY, Mary 0/1/0/1 $3.42 #13
TRUCKEY, Ant. 1/0/0/1 $3.42 #15
WAYBUN, Mrs. F. 0/1/1/2 $6.84 #9
WEBB, Mrs. Chas. 0/1/2/3 $10.26 #6

WAW BE GAY KAKE'S BAND

AW ZHONSE 0/1/2/3 $10.26 #9
AW ZHE WAY KE ZHICK 1/1/2/4 $13.68 #6
KEY WAY CHE WON 1/1/1/3 $10.26 #7
KEY GOW 1/0/0/1 $3.42 #13
LAMARANDIERE, A. 1/1/4/6 $20.52 #3
LAMARANDIERE, P. 1/1/7/9 $30.78 #2
MAW CHE O QUIS 1/1/1/3 $10.26 #8
ME SAW CAW ME GO QUAY 0/1/0/1 $3.42 #11
O WAW NE KE WAIN ZE 1/0/0/1 $3.42 #14
PAY ME SAW AW 0/1/3/4 $13.68 #4
PAY SHE KE KE ZHICK 1/1/2/4 $13.68 #5
QUAW QUAW 0/1/1/2 $6.84 #10
SHAW SHAW NAW NAY BEECE 1/0/0/1 #12
WAW BE GAY KAKE, Chief $23.94 #1

49

MAISH KE AW SHE'S BAND

AISH QUAY CAW MIG'S Child 0/0/1/1 $3.42 #12
AW ME KOONSE Jr. 0/1/0/1 $3.42 #8
KAW WE TAW KE ZHICK 1/1/4/6 $20.52 #2
KIN NE BICK 1/1/2/4 $13.68 #3
MACKIE 0/0/1/1 $3.42 #9
MAISH KE AW SHE, Chief 1/1/1/3 $10.26 #1
MAY SE SWAY WE NIN NE 1/0/0/1 $3.42 #10
NAW KAY O SAY 1/0/1/2 $6.84 #6
O BE MAW GE WON 0/0/1/1 $3.42 #11
PAY SHE BUN 0/0/2/2 $6.84 #7
SHAW WAW NE PE NAY SE 1/1/2/4 $13.68 #4
USH TAY AW SUNG 1/1/1/3 $10.26 #5

SIMON'S BAND

MAW CAW DAY WAW QUOT 0/1/2/3 $14.70 #2
NAW O GWAW NAY BE 0/1/0/1 $4.90 #4
NE SAW WAW CO WE NAY, Stephen 0/1/1/2 #3
SIMON, Chief 0/1/1/2 $9.80 #1

SHAW BE QUO UNG'S BAND

A GAW WAW 0/1/3/4 $19.60 #7
AIN NE ME KE WAW 1/1/0/2 $9.80 #17
AW SHE WAW NAW QUAW DO 1/0/0/1 $4.90 #24
CRAMPTON, John 1/1/3/5 $24.50 #4
FOSTER, David K. 1/1/2/4 $19.60 #10
HOW DE DO & Bro. 1/0/1/2 $9.80 #18
KAW GE GAY QUO UNG 0/0/1/1 $4.90 #21
MAW CAW DAY WAW GOOSH 1/0/0/1 $4.90 #20
MAY SE TAY 1/0/0/1 $4.90 #22
MAY CO TAY 1/1/3/5 $24.50 #6
ME SUN ZEE 1/1/7/9 $44.10 #2
ME CO PE WAY SE, Wm. 1/0/0/1 $4.90 #25
ME SUN ZEE'S Infant 0/0/1/1 $4.90 #26
ME ZHAW QUAW DO QUAY 0/1/1/2 $9.80 #19
NAW MAY GUSE 0/0/2/2 $9.80 #16
PAY SHE NIN NE 1/1/2/4 $19.60 #8
PAY QUAY NAY SKUNG 1/0/2/3 $14.70 #11
PAY ZHE GE ZHE GO QUAY 0/1/4/5 $24.50 #5
SAY GAW QUAY NUG 1/1/1/3 $14.70 #15
SHAW BE QUO UNG, Chief 1/1/0/2 $9.80 #1
SHAW WAW NE KE ZHICK 1/1/4/6 $29.40 #3
SQUAW JAW NUG 1/1/2/4 $19.60 #9
WAW WE EOTO 0/1/2/3 $14.70 #12
WAW OH 0/1/0/1 $4.90 #23
WAW BE ME ME 0/1/2/3 $14.70 #13
WAW SAY QUO UM 0/1/2/3 $14.70 #14

MAISH KE AW SHE'S BAND

AW ME KOONSE Jr. 0/1/0/1 $4.90 #7
CHE QUAY OH'S Infant 0/0/1/1 $4.90 #9
KAY GWAW DAW SUNG 1/0/2/3 $14.70 #5
KIN NE BICK 1/1/2/4 $19.60 #2
MAISH KE AW SHE, Chief 1/1/1/3 $14.70 #1
MAY SE SWAY WE NIN NE 1/1/0/2 $9.80 #6
NAW KAY O SAY 1/0/2/3 $14.70 #4
O BE MAW CHE WON 0/0/1/1 $4.90 #8
SHAW WAW NE PE NAY SE 1/1/2/4 $19.60 #3

NE BE NAY KE ZHICK'S BAND

A SE BUN 1/1/4/6 $29.40 #3
CHAW BAW QUAY 1/1/2/4 $19.60 #7
CHE QUAY OH 0/1/0/1 $4.90 #17
DOMINEKE 1/1/2/4 $19.60 #6
EMILY & Niece 0/1/1/2 $9.80 #11
JOSETTE & MARTINO 0/1/1/2 $9.80 #10
NE BE NAY KE ZHICK, Chief 1/1/3/5 $24.50 #1
NE BE NAY KE ZHICK, Geo. 1/1/3/5 $24.50 #4
PAY ME NAW WAW 1/1/5/7 $34.30 #2
ROBINSON, Mrs. Rix 0/1/1/2 $9.80 #13
ROBINSON, Mrs. Henry 0/1/3/4 $19.60 #5
ROBINSON, Mrs. S. F. 0/1/2/3 $14.70 #9
TROMBLY, Mary 0/1/0/1 $4.90 #16
WAW BAW GAW WE NUM 0/1/1/2 $9.80 #12
WAW BAW SE GAY 0/1/2/3 $14.70 #8
WAW BE SKE MIN 0/1/1/2 $9.80 #14
WE BE NAY KE ZHICK, Wm. 1/0/0/1 $4.90 #15

CHING QWAW SHE'S BAND

AW ME KOONSE Sr. 1/1/2/4 $19.60 #9
AW BWAY GO NAY BE 1/1/2/4 $19.60 #8
CHING QWAW SHE, Chief 1/1/5/7 $34.30 #1
MAW CAW TAY WAW 1/1/1/3 $14.70 #11
ME TAY QUAY 0/1/0/1 $4.90 #16
MWAY AW BAW TOE 1/1/3/5 $24.50 #6
NE O BE 1/1/4/6 $29.40 #2
O PE GO 1/1/3/5 $24.50 #3
PAY QUO TUSK, Jos. 1/1/2/4 $19.60 #7
PAY QUAY 1/1/3/5 $24.50 #4
PE SKO NATE & Bro. 0/0/2/2 $9.80 #12
PE TAW WAW NAW QUOT 1/1/0/2 $9.80 #13
PO KE BE 0/1/0/1 $4.90 #15
SAIN WICK 1/0/0/1 $4.90 #17
SHAW WAW NAW SE GAY 1/1/3/5 $24.50 #5
SHE MAW GAW 1/1/1/3 $14.70 #10
WAW BAW NE BE QUAY 0/1/1/2 $9.80 #14

PAY QUO TUSK'S BAND

BAILEY, Battise 1/1/5/7 $34.30 #2
KE WAY GAW BO WE 1/1/0/2 $9.80 #10
KE SIS & 2 Sisters 0/0/3/3 $14.70 #6
ME TO MO SAY GAW 0/1/1/2 $9.80 #11
MEN SE NO SCAW 1/0/0/1 $4.90 #12
NAW O QUAY KE ZHICK & Sister 0/1/1/2 $9.80 #9
PAY QUO TUSK, John 1/1/1/3 $14.70 #8
PAY QUO TUSK, Chief 1/1/3/5 $24.50 #1

PE NAY SE WE KE ZHICK 1/1/2/4 $19.60 #3
SAMUEL 1/0/2/3 $14.70 #5
SHAW WAN 1/1/2/4 $19.60 #4
SMITH, Mrs. David 0/1/2/3 $14.70 #7
SMITH'S, Mrs. David Infant 0/0/1/1 $4.90 #13

KAW GAY GAW BO WE'S BAND

AIN NE ME KE WAY 1/1/6/8 $39.20 #2
AIN ME MWAY WAY 1/1/2/4 $19.60 #9
AW BE TAW BE GAY 1/1/0/2 $9.80 #14
AW SAW MAY KE ZHICK 1/1/2/4 $19.60 #6
CHING GWAW QUO UM 0/0/2/2 $9.80 #13
KAW GAW GOONSE 0/1/0/1 $4.90 #19
KAW GAY GAW BO WE, Chief 1/1/1/3 $14.70 #1
KE CHE 1/0/0/1 $4.90 #17
KEY WAY CUSH CUM 1/1/1/3 $14.70 #12
MO SAY QUAY 0/1/0/1 $4.90 #18
NE GAW NE SAY 1/1/0/2 $9.80 #15
O PE TAW 0/1/0/1 $4.90 #20
O GE MAW PE NAY SE 1/1/2/4 $19.60 #7
PE TAW WAW NAW QUOT 1/0/0/1 $4.90 #16
PE NAY SE WAW NAW QUOT 1/1/1/3 $14.70 #11
PE NAY SE WAW BE 0/1/3/4 $19.60 #5
SAW GAWTCH 0/1/0/1 $4.90 #21
SHAW, A. C. 1/1/2/4 $19.60 #8
TAY BAW SE KE ZHICK WAY UM $29.40 #3
TO TO GE TOE 1/1/4/6 $29.40 #4
TONG GWISH 1/1/1/3 $14.70 #10

Jos. ME TAW WIS'S BAND

AISH KE BAW GAW SUNG 0/1/4/5 $24.50 #3
AW BE MAW BE 1/1/2/4 $19.60 #5
HENRY, Charles 1/0/0/1 $4.90 #29
KAW BE ME NE GAW NE 1/0/0/1 $4.90 #27
KAY SHE SHAW WAY QUAY 0/1/1/2 $9.80 #13
KAY NE NAW NAW 1/1/0/2 $9.80 #17
KEY O CUSH CUM, Jac. 1/0/2/3 $14.70 #6
KEY O CUSH CUM 0/1/0/1 $4.90 #19
KEY WAY DE NO QUAY 0/1/2/3 $14.70 #8
MAN DO KAY 1/1/3/5 $24.50 #4
MAW BEECE 0/0/1/1 $4.90 #20
MAWN GAW NAW QUAW DO QUAY 0/1/2/3 $14.70 #9
MAY DWAY NAY 0/1/1/2 $9.80 #12
ME TAW WIS, Jos. Chief 1/1/4/6 $29.40 #1
ME NACE 0/1/0/1 $4.90 #30
NOTE NO KAY 1/1/4/6 $29.40 #2
O TISH PAW 0/1/0/1 $4.90 #22
O SAW O BICK 1/0/0/1 $4.90 #24

PAW KE CAW NAW NAW QUOT 1/0/0/1 $4.90 #18
PAY BAW ME GAW BO WE 1/1/0/2 $9.80 #14
PAY BONE UNG 1/0/0/1 $4.90 #26
PE NAY SE QUAY'S Daughters 0/0/2/2 $9.80 #15
PE NAY SE WAW BAW NO QUAY 0/1/2/3 $14.70 #7
PO TAW AW NISH 1/0/0/1 $4.90 #21
SE BE QUAY 0/1/1/2 $9.80 #16
SHAW BWOS 0/1/0/1 $4.90 #23
SHING GO KE 1/0/0/1 $4.90 #28
WALK SHE QUAY 0/1/0/1 $4.90 #25
WAUB SIN 0/1/1/2 $9.80 #10
WAW BE GWANSE 1/0/1/2 $9.80 #11

AISH QUAY O SAY'S BAND

AISH QUAY O SAY, Chief 1/1/0/2 $9.80 #1
AISH QUAY GO NAY BE 1/0/0/1 $4.90 #10
AW ZHE WAY ZHICK 1/0/1/2 $9.80 #7
KAY WIS 1/1/4/6 $29.40 #4
KE SIS WAW BAY 1/1/4/6 $29.40 #3
KEY WAY DE NO QUAY 0/1/1/2 $9.80 #8
ME SQUAW NAW QUOT 0/1/0/1 $4.90 #9
SHAW BWAY WAY 1/1/3/5 $24.50 #5
TUSH QUAY AW BAW NO 1/1/6/8 $39.20 #2
USH TAY AW SUNG 1/1/3/5 $24.50 #6

PE NAY SE'S BAND

ANDERSON, Mrs. James 0/1/2/3 $14.70 #12
ANGELIQUE 0/1/0/1 $4.90 #21
BEDDOE, Mrs. Mary 0/1/4/5 $24.50 #3
GENIA, Mrs. Chas. 0/1/1/2 $9.80 #16
KEY WAY QUO UM 0/1/1/2 $9.80 #14
KUSH KKE MAW NE SAY 0/1/3/4 $19.60 #4
NAW TAY, Wm. 1/0/0/1 $4.90 #23
NAW TAY, Mrs. 0/1/0/1 $4.90 #22
PE NAY SE, Chief 0/1/0/1 $4.90 #1
PHAW WAW NE KE ZHICK'S Infant 0/0/1/1 $4.90 #24
POOLE, Mrs. Jac. 0/1/1/2 $9.80 #18
RESSETTE, Aken 1/1/2/4 $19.60 #9
ROBINSON, Mrs. Geo. 0/1/2/3 $14.70 #13
SHAW WAW NE KE ZHICK 1/1/2/4 $19.60 #5
SNAY'S, Mrs. Sor. Chn. 0/0/4/4 $19.60 #7
SPIDER, Mrs. Jac. 0/1/3/4 $19.60 #8
ST. PEIRRE, Antoine 1/0/0/1 $4.90 #19
ST. PEIRRE, John 1/1/0/2 $9.80 #17
ST. PEIRRE, Alixse 1/0/2/3 $14.70 #10
TAY GWAW SUNG, James 1/1/5/7 $34.30 #2
TAY GWAW SUNG, Peter 1/0/1/2 $9.80 #15
TROMBLY, Louis 1/1/2/4 $19.60 #6

54

TRUCKEY, Antoine 1/0/0/1 $4.90 #20
WEBB, Mrs. Chas. 0/1/2/3 $14.70 #11

MAISH CAW'S BAND

AISH KE BAW GAW NAW QUOT 1/1/2/4 $19.60 #5
AISH KE BAW GE NE GAY 1/0/0/1 #27
AW BWAY QUO UM 1/1/1/3 $14.70 #7
CHE GAW ME QUAY 0/1/0/1 $4.90 #29
CONE, William 1/1/1/3 $14.70 #9
COTAY, Peter 1/0/0/1 $4.90 #31
E TAW WAW GE WON 0/1/0/1 $4.90 #22
ELLIOTT, David H. 1/1/1/3 $14.70 #11
ELLIOTT, Joseph 1/1/1/3 $14.70 #6
ELLIOTT, William 1/0/0/1 $4.90 #21
FITCH, And. M. 1/1/0/2 $9.80 #14
GENEREAU, Louis Jr. 1/1/0/2 $9.80 #20
GENEREAU, Louis 1/1/3/5 $24.50 #2
JOSETTE 0/1/2/3 $14.70 #10
KAW GE GAY BE, Mary 0/1/1/2 $9.80 #17
KAW GAY BEESH QUAY 1/0/0/1 $4.90 #33
KE CHE O CUN 0/1/0/1 $4.90 #24
MAISH CAW, Chief 1/1/3/5 $24.50 #1
MAW CAW DAY O SAY 1/1/0/2 $9.80 #13
MAY ME SHAW WAY 0/1/0/1 $4.90 #23
ME SHE BE SHE 1/1/1/3 $14.70 #8
MICK WE NIN NE 1/0/0/1 $4.90 #30
NAW KAY O SAY 1/1/2/4 $19.60 #4
NE BAY DE NO QUAY 0/1/0/1 $4.90 #32
NE DAW WAY QUAY 0/1/1/2 $9.80 #16
PAY ZHE TAW BUN 0/1/1/2 $9.80 #19
PE TO WE KE ZHICK 1/1/2/4 $19.60 #3
SHAW WAW NAW NO QUAY 0/1/0/1 #26
SHAW GAY SHE 0/1/0/1 $4.90 #25
TAY BAIN DAWN 1/1/0/2 $9.80 #15
TO NE BWAW 1/0/0/1 $4.90 #28
WALK SHE QUAY 0/1/2/3 $14.70 #12
WAW WAW CHE NO DIN 0/0/1/1 $4.90 #34
WAW BE TNAG GWAY SE 1/0/1/2 $9.80 #18

KAW BAY O MAW'S BAND

DONE GAY, Joseph 0/1/1/2 $9.80 #4
KAW BAY O MAW, Chief 0/1/3/4 $19.60 #1
MAW BEECE 0/0/1/1 $4.90 #7
MAW NE DONSE 0/1/0/1 $4.90 #6
NAW GAW NE QUO UNG 1/0/0/1 $4.90 #5
PE ANE 1/1/3/5 $24.50 #2
SHAW WAW NAW SE GAY 1/1/1/3 $14.70 #3

CAUB MO SAY'S BAND

AISH KE BAW GOSH 1/1/0/2 $9.80 #14
AW TAW GAW WE NUM 0/1/1/2 $9.80 #15
AW QUAY NE AW WAY 1/1/0/2 $9.80 #19
AW SE GOONSE 0/0/1/1 $4.90 #23
BAILEY, Francis 1/1/0/2 $9.80 #17
CAUB MO SAY, Chief 1/1/0/2 $9.80 #1
CAUB MO SAY, Antoine 1/1/2/4 $19.60 #10
CAUB MO SAY, William 1/1/0/2 $9.80 #12
CHING GWON 1/1/5/7 $34.30 #5
KAW GE SHE SEH 1/1/0/2 $9.80 #16
KE CHE PE NAY SE 1/0/0/1 $4.90 #20
MAW BEECE 1/1/5/7 $34.30 #4
ME NAW CHE QUAY 0/1/0/1 $4.90 #21
ME NE SE BE QUAY 0/1/1/2 $9.80 #18
ME TAW KOO 1/1/3/5 $24.50 #6
NAW GAW NE QUO UNG 1/1/6/8 $39.20 #2
O ZHE GAW BO WE QUAY 0/1/0/1 $4.90 #22
PAW GAW CHE QUAY 0/1/3/4 $19.60 #8
PAY BE SHAY 0/1/1/2 $9.80 #13
PE NAY SE WAW NAW QUOT 0/0/1/1 #24
PE TAW BICK 1/1/5/7 $34.30 #3
SAW BE QUO UM 1/1/2/4 $19.60 #9
SHAW WAW NE KE ZHICK 1/1/3/5 $24.50 #7
SHAW BOO 1/0/2/3 $14.70 #11

PAY BAW ME'S BAND

CHARLOTTE 0/1/0/1 $4.90 #30
KAW GE GAY MEIG 0/1/0/1 $4.90 #26
KAW GE SHE QUO UM 1/1/3/5 $24.50 #5
KAY TAW GE CAW NIN NE 1/1/2/4 $19.60 #12
KE WAN DAW WAY 1/0/1/2 $9.80 #20
KEY WAY AW SHE 1/0/1/2 $9.80 #23
KEY WAY QUO UM 1/1/3/5 $24.50 #11
MAW CAW DAY WAW QUOT, W. 1/1/3/5 $24.50 #10
MAW CAW MOTE 1/0/0/1 $4.90 #31
MAW CAW DAY NAW QUOT, D. 1/1/0/2 $9.80 #25
MWAY AW BAW TOE 1/1/3/5 $24.50 #7
NAW NE ME GAY 0/1/0/1 $4.90 #27
NAY NAW GO NAY BE 1/1/2/4 $19.60 #14
O CHE BWAW 0/1/0/1 $4.90 #28
O TISH QUAY AW BAWW NO QUAY 0/1/0/1 $4.90 #29
PAW CAW NAW BAW NO, Jno. B. 1/1/4/6 $29.40 #3
PAW CAW NAW BAW NO, Peter 1/0/1/2 $9.80 #19
PAW CAW NAW BAW NO 1/0/4/5 $24.50 #4
PAY BAW ME, Chief 1/1/3/5 $24.50 #1
PE NAY SE WE KE ZHICK 1/1/3/5 $24.50 #9
PE TAW SAW MO QUAY 0/1/1/2 $9.80 #21

PE AW NO 1/1/1/3 $14.70 #17
PO NE SHING 1/1/0/2 $9.80 #24
ROBINSON, John R. 1/0/2/3 $14.70 #18
SHAY GO NAY BE 1/1/6/8 $39.20 #2
SHE GOG 1/1/2/4 $19.60 #13
SKIN NEECE 1/1/3/5 $24.50 #8
THERESA 0/1/1/2 $9.80 #22
TOUCHEY, Jos. 0/1/2/3 $14.70 #15
WAW BAW NE BE QUAY 0/1/4/5 $24.50 #6
WE NON GAY 1/1/1/3 $14.70 #16

PAY SHAW SE GAY'S BAND

AISH QUAY TAW GAY 0/1/0/1 $4.90 #12
AW ZHE WATCH, Moses 0/1/0/1 $4.90 #11
AW BE TAW SAW MO QUAY $4.90 #15
BATTISE, John 1/1/3/5 $24.50 #5
DEVERNEY, Charles 1/1/1/3 $14.70 #7
KE ZHE GO PE NAY SE 1/1/1/3 $14.70 #6
KE ME WON 1/0/0/1 $4.90 #14
MCGULPHIN, Matthew 0/1/0/1 $4.90 #13
MCGULPHIN, Wm. 1/1/4/6 $29.40 #3
PAY ZHE QUAW MO QUOSH 1/1/1/3 $14.70 #8
PAY SHAW SE GAY, Chief 0/1/0/1 $4.90 #1
PE TAW BUN 0/1/1/2 $9.80 #10
PENISSAW, J. B. 0/1/4/5 $24.50 #4
SHAW BWAW SE GAY 0/1/6/7 $34.30 #2
SHAY AW SE MO QUAY 0/1/1/2 $9.80 #9

SHAW GWAW BAW NO'S BAND

A GAW GOW 1/0/1/2 $9.80 #21
AW WAW NE KE ZHICK $4.90 #25
AWN GE WE NAW 1/1/5/7 $34.30 #4
JOSETTE 0/1/0/1 $4.90 #28
KAW BAY AW SHE 1/1/1/3 $14.70 #12
KE WAW TAW WAW BE $24.50 #8
KE ME WANSE 1/1/3/5 $24.50 #9
MAW CHE WE TAW 0/1/3/4 $19.60 #10
MAW CHE GO NAY BE 1/1/2/4 $19.60 #11
MAY YAW WAW SUNG 1/0/0/1 $4.90 #30
MAY DWAY BAW GOE 1/1/1/3 $14.70 #16
MAY ME NWAW 1/0/0/1 $4.90 #26
NAW WE SAW 0/0/1/1 $4.90 #24
NE GAW NE QUAY 0/1/0/1 $4.90 #29
NE SHE NAW BAY QUAY 0/1/0/1 $4.90 #27
O NAY GAKE 1/1/1/3 $14.70 #14
O SHAW WAW SKO PE NAY SE 1/1/1/3 $14.70 #15
PAIM BAW TOE 1/1/4/6 $29.40 #6
PAW WE TE GO QUAY 0/1/6/7 $34.30 #3

PAY ZHE TAW 0/1/0/1 $4.90 #31
PE TAY 0/1/1/2 $9.80 #17
PO NE SAY 1/1/6/8 $39.20 #2
SAY SAY GO NAY QUAY 0/1/1/2 $9.80 #22
SCOTT, Mrs. Levi 0/1/1/2 $9.80 #18
SE NAW BAY 1/1/3/5 $24.50 #7
SHAW BO GEE 0/1/0/1 $4.90 #32
SHAW GWAW BAW NO, Chief 1/1/2/4 $19.60 #1
SHO WE GAW 1/0/0/1 $4.90 #33
STONEMAN, Geo. 1/1/0/2 $9.80 #19
TUSH QUAY KE ZHICK 1/1/4/6 $29.40 #5
WAW SAISH CAW MO QUAY 0/1/1/2 $9.80 #20
WAW BIN DAW BE TOE 1/1/1/3 $14.70 #13
WE ZO 1/0/0/1 $4.90 #23

WAW BE GAY KAKE'S BAND

AW ZHE WAY KE ZHICK 1/1/1/3 $14.70 #5
AW ZHONCE 0/1/2/3 $14.70 #8
KE WAY CHE WON 1/1/1/3 $14.70 #6
LAMARANDIERE, P. 1/1/7/9 $44.10 #2
LAMARANDIERE, Alixse 1/1/5/7 $34.30 #3
LAMARANDIERE'S, P. Infant 0/0/1/1 $4.90 #14
MAW CHE O QUIS 1/1/1/3 $14.70 #7
ME SAW SAW ME GO QUAY 0/1/0/1 $4.90 #12
O WAW NE KE WAIN ZE'S Child 0/0/1/1 $4.90 #17
O WAW NE KE WAIN ZE 1/0/0/1 $4.90 #15
O WAW NE KE WAIN ZE'S Wife 0/1/0/1 #16
PAY ME SAW AW 0/1/1/2 $9.80 #9
PAY SHE KE ZHICK 1/1/2/4 $19.60 #4
QUAW QUAW 0/1/1/2 $9.80 #10
SHAW SHAW WAW NAY BEECE 1/0/0/1 $4.90 #13
SHAY GO NAY BE 1/1/0/2 $9.80 #11
WAW BE GAY KAKE, Chief 1/1/5/7 $34.30 #1

MAY ME SHE GAW DAY'S BAND

AKEN BELL 1/0/1/2 $9.80 #9
AW ZHE WAW BE ME 1/1/0/2 $9.80 #11
CHE GAW ME KE SAY 1/0/0/1 $4.90 #14
ISABELLA 0/1/0/1 $4.90 #17
ISABELLA'S Infant 0/0/1/1 $4.90 #20
KAW BAISH CAW MO QUAY 0/1/1/2 $9.80 #12
KAY NE AW WAY 0/0/1/1 $4.90 #16
KAY KAKE 0/0/1/1 $4.90 #21
KEY O BAW TO QUAY 0/1/4/5 $24.50 #3
KEY GOW 1/0/0/1 $4.90 #18
MAY TWAY SE GAW 0/1/1/2 $9.80 #13
MAY ME SHE GAW DAY, Chief -/-/-/- #1
ME SAW BAY 1/1/3/5 $24.50 #4

ME SKO GWON 0/0/1/1 $4.90 #15
ME SHE GAY KAKE 1/1/2/4 $19.60 #5
NE BE NAW SHE 1/0/1/2 $9.80 #10
PAY ME SAW AW'S Son 0/0/1/1 $4.90 #19
PE NAY SE WE KE ZHICK 1/1/1/3 $14.70 #8
PON TIAC 1/1/1/3 $14.70 #7
QUAY QUAY CHE ME 0/1/2/3 $14.70 #6
WAW BAW SO WAY 0/1/6/7 $34.30 #2

AW KE BE MO SAY'S BAND

AW KE BE MO SAY, Chief -/-/-/- #1
KAW WE TAW KE ZHICK 1/1/3/5 $24.50 #2
KE SIS 0/1/0/1 $4.90 #6
MACKIE 0/0/1/1 $4.90 #7
NE BE NAY KE ZHICK, Mrs. Wm. 0/1/3/4 $19.60 #3
O WAW NE KAY, Mrs. 0/1/0/1 $4.90 #8
PE SHAW 0/1/2/3 $14.70 #5
USH TAY AW SUNG 1/1/1/3 $14.70 #4

1865 PER CAPITA ROLL
SAGINAW, SWAN CREEK & BLACK RIVER CHIPPEWA

S. D. SIMOND'S BAND

A QUAW BUNG 1/1/1/3 $27.57 #18
AIN NE WAW BE 1/1/3/5 $45.95 #9
ASEBUN 0/1/1/2 $18.38 #28
AW ZHE TAW GWAW 1/1/2/4 $36.76 #12
AW ZHE TAY YAW 0/1/1/2 $18.38 #33
AW GO GIN 1/1/5/7 $64.33 #4
BENNETT, Peter 1/1/0/2 $18.38 #35
CORBIN, Geo. 1/1/2/4 $36.76 #14
JONES, John 1/1/0/2 $18.38 #30
KAW GAY KE ZHICK 1/0/1/2 $18.38 #24
KAW BE AW BE NAY 1/1/0/2 $18.38 #25
KAW GAY AW SHE 1/1/4/6 $55.14 #5
KAW KAW NAW SO WAY 1/1/0/2 $18.38 #31
KAY ZHE AW SUNG 2nd 1/1/6/8 $73.52 #2
KE CHE HE NAY SE 1/1/3/5 $45.95 #6
LABATTE, Thomas 1/1/0/2 $18.38 #34
MAW CAW DAY GE MEW 1/1/2/4 $36.76 #15
MAY DAW WOSH 1/1/3/5 $45.95 #10
ME CHAW BAY WIS 1/1/3/5 $45.95 #8
ME AQUAW WE KE ZHICK 1/1/1/3 $27.57 #19
MET SAW BAW TOO, Silas 1/0/4/5 $45.95 #7
NAW WAW DAW NAW QUOT 1/0/1/2 $18.38 #27
NAW GAW NE SAY 1/1/1/3 $27.57 #20
NICHOLSON, James 1/1/1/3 $27.57 #23
O CHE GAY 1/1/1/3 $27.57 #21
O GAW BAISH CAWMO QUAY 0/1/2/3 $27.57 #16
PAW WE TICK 0/1/0/1 $9.19 #37
PAY ME SAW DUNG 1/1/1/3 $27.57 #17
PAY ME SAW DUNG, Geo. 1/1/2/4 $36.76 #11
PAY SHE NIN NE ABE 1/1/5/7 $64.33 #3
PAY BAW MAW SHE 1/1/0/2 $18.38 #26
PE TAW QUAW AW & Son 1/1/0/2 $18.38 #32
SHAW WAW NAW CAW NE GO 1/1/2/4 $36.76 #13
SIMONDS, S. D. Chief 1/1/3/5 $45.95 #1
SOLOMON 1/1/0/2 $18.38 #29
WAW BE SKAW BIN 0/1/0/1 $9.19 #36
WIN DE GO WISH 1/1/1/3 $27.57 #22

And. O SAW WAW BIN'S BAND

AIN NE WAW BE 0/0/1/1 $9.19 #31
AISH DAW WAWBIN DUNG 1/1/1/3 $27.57 #16
AW NE ME QUO UNG 1/1/2/4 $36.76 #13
COLLINS, John 2nd 1/1/0/2 $18.38 #21

I YAW BE TAW SE GAY 1/0/0/1 $9.19 #33
I YAW BAY 1/1/4/6 $55.14 #3
JACKSON, Jacob 1/1/4/6 $55.14 #2
KAW BE MAW SO WAY QUAY 0/1/0/1 $9.19 #23
KAW GE GAY O SAY 1/1/2/4 $36.76 #11
KAY KAY KOO 0/1/0/1 $9.19 #28
LAMARANDIERE, Thads. 1/1/3/5 $45.95 #5
MAW CAW DAY ME SHE WAY 1/1/3/5 $45.95 #4
MAW CO WE DAY QUAY 0/1/0/1 $9.19 #30
NAW GAW NAW SHE MO 1/1/3/5 $45.95 #6
NE BE NAY QUAW DO QUAY 0/1/2/3 $27.57 #17
NE BE NAY QUAW DO QUAY 0/1/0/1 $9.19 #27
O GE MA PE NAY SE'S Wife 0/1/0/1 $9.19 #34
O SAW WAW BIN, And. Chief 1/1/3/5 $45.95 #1
O SAW WAW BUN, Wm. 1/0/2/3 $27.57 #15
O GEMAW PENAY SE 1/1/2/4 $36.76 #12
PAW ZHE DANSE 0/1/3/4 $36.76 #14
PAY SKAW NAY QUO UNG 1/1/2/4 $36.76 #10
PE TAW 0/1/0/1 $9.19 #32
PE NAY SE WAW NAW QUAW DO QUAY 0/1/1/2 $18.38 #22
QUAY CAW 0/1/0/1 $9.19 #29
SAW GAW SO WAY 1/0/0/1 $9.19 #24
SHAW BWAW NE GANSE 1/1/2/4 $36.76 #8
SHAW WAW NE QUO UM, Polly 0/1/0/1 $9.19 #26
STRONG, Henry 1/1/1/3 $27.57 #18
TAY BAW SE GAY, D. 1/1/1/3 $27.57 #19
WAM DAW NAW QUOT 1/1/3/5 $45.95 #7
WAW BE NAW NUNG 1/1/1/3 $27.57 #20
WAW NAW SE GAY 1/0/0/1 $9.19 #25
WAY SHAW WAW NO 1/1/2/4 $36.76 #9

PAY ME QUO UNG'S BAND

AMOS 0/1/2/3 $27.57 #20
AW BE TAW SO GWAW 0/1/1/2 $18.38 #28
AW BE TAW SUNG 1/1/1/3 $27.57 #25
AW NAW BE, Moses 1/1/2/4 $36.76 #14
CHAMBERTIN, Harvey 1/1/3/5 $45.95 #10
CHATFIELD, William 1/1/0/2 $18.38 #34
CHATFIELD, Peter 1/0/0/1 $9.19 #43
CHATFIELD, Thomas 1/1/7/9 $82.71 #2
CHATFIELD, William 1/1/4/6 $55.14 #6
COLLINS, John 1/1/6/8 $73.52 #3
COLLINS, Shaynow 0/0/1/1 $9.19 #38
COLLINS, Theresa 0/1/1/2 $18.38 #33
FRANCIS, Major 1/1/3/5 $45.95 #9
GREENBIRD, Sampson 1/1/2/4 $36.76 #13
ISAACS, Benjamin 1/1/1/3 $27.57 #17
KAW BAISH CUM 0/0/1/1 $9.19 #37
KE WAY DE NO QUAY 0/1/2/3 $27.57 #19

KE WAY NE QUAY 0/1/0/1 $9.19 #42
KE SIS WAW BAY 1/1/0/2 $18.38 #32
KUNIE OBE 1/1/1/3 $27.57 #21
LYONS, Addison 1/1/1/3 $27.57 #16
NAW O QUAISH CUM 1/1/0/2 $18.38 #29
NAW DAW WAY QUAY 0/1/4/5 $45.95 #7
NAY CAW WAW SE GAY 1/1/1/3 $27.57 #24
NAY WAW GO, Thomas 1/1/1/3 $27.57 #22
NE WAW NAW NAW QUAW DO QUAY 0/1/0/1 $9.19 #45
O CHE BE CUN, James 1/1/1/3 $27.57 #23
O MAW ZE NAW 0/1/2/3 $27.57 #18
O GAW BAY GE ZHE GO QUAY 0/1/1/2 $18.38 #26
PAY ME QUO UNG Chief 1/1/4/6 $55.14 #1
PE TAW BUN, Eliza 0/1/3/4 $36.76 #12
QUAY KE CHE WAW NO QUAY 0/1/1/2 $18.38 #31
SANOWAY, Francis 1/1/0/2 $18.38 #30
SAW CAW SE GAY 1/1/0/2 $18.38 #27
SHAW, James 1/1/2/4 $36.76 #11
SHAW, Isaac 1/1/0/2 $18.38 #35
SHAY CAW, John 1/0/0/1 $9.19 #41
SHAY CAW, Daniel 1/1/1/3 $27.57 #15
SHE BAW KE ZHICK 1/0/0/1 $9.19 #40
SMITH, William 1/1/3/5 $45.95 #8
TAW GWAW DO, Hannah 0/1/0/1 $9.19 #39
TE BISH KO, Jacob 1/1/4/6 $55.14 #5
WAINI DAW BE TUNG 1/1/5/7 $64.33 #4
WAW SAISH BEESH KUNG 0/0/1/1 $9.19 #36
WILSON, Nancy 0/1/0/1 $9.19 #44

NAY AW BE TUNG'S BAND

AW NE WE QUO UNG, Mary A. 0/1/2/3 $27.57 #18
DAVIS, Samuel 1/0/0/1 $9.19 #29
I YAW BE TAW SING 1/1/0/2 $18.38 #20
JONES, John 1/1/4/6 $55.14 #4
KAW GE GAY BE 1/1/5/7 $64.33 #3
KAW ZHE GANSE 1/1/5/7 $64.33 #2
KE CHE NAW BOO ZOO 1/1/1/3 $27.57 #19
KE WE TAW KE ZHICK 1/0/0/1 $9.19 #28
KE NO ZHAY, Eliza 0/1/0/1 $9.19 #31
KEY BAW TO QUAY 0/1/0/1 $9.19 #30
MAW KOONSE, Jane 0/1/0/1 $9.19 #9.19 #33
MAY YAW WE KE ZHICK 1/1/2/4 $36.76 #11
ME CHAW BAW 1/1/1/3 $27.57 #16
NAW SAISH CAW QUO QUAY 0/1/1/2 $18.38 #26
NAW SAY CHE WON 1/1/2/4 $36.76 #14
NAW BAW NO, John 1/0/1/2 $18.38 #21
NAW GAW NE, Peter 1/1/2/4 $36.76 #12
NAY AW BE TUNG Chief 1/1/1/3 $27.57 #1
NON GAISH CAW WAW 1/1/0/2 $18.38 #25

O SHAW WAW SKO GE NIEW 1/1/0/2 $18.38 #27
O BE MAW GE WON 1/1/0/2 $18.38 #23
O SAW BE QUAW 1/0/3/4 $45.95 #10
O SAW WAW NAW QUAW DO QUAY 0/1/0/1 $9.19 #32
PAW DAW SO WAY 1/1/3/5 $45.95 #8
PAY SHE NIN NE ABE, Wm. 1/1/3/5 $45.95 #9
PAY BAW WE CHE WUNG 1/1/0/2 $18.38 #24
PAY SHE GO 0/1/2/3 $27.57 #15
PAY MAW NAW QUOT 1/0/1/2 $18.38 #22
PE NAY SE WAW NAW QUO UNG 1/1/4/6 $55.14 #6
RODD, Chas. H. 1/1/1/3 $27.57 #17
SHAW BWAY WE DUNG 1/1/4/6 $55.14 #5
WAW BE ZHICK 1/1/3/5 $45.95 #7
WYMAN, Mrs. E. 0/1/3/4 $36.76 #13

William SMITH'S BAND

A ZHE DAW 1/1/0/2 $18.38 #17
AW NAW SE GE ZHE GO QUAY 0/1/0/1 $9.19 #18
AW QUE WE SAUSE 1/1/2/4 $36.76 #9
JACKSON, John 1/1/2/4 $36.76 #10
KAY ZHE AW SUNG 1/1/0/2 $18.38 #15
KE WAY AW NAW QUOT 1/1/2/4 $36.76 #11
KE CHE AW NAW QUOT 1/1/2/4 $36.76 #8
MAW NE ZHE ONCE 1/1/1/3 $36.76 #12
ME SHE BE SHE QUAY 0/1/1/2 $18.38 #16
ME SKO MIN 1/1/3/5 $45.95 #7
ME SAW BAW 1/1/3/5 $45.95 #6
MOOSE E QUAY 0/1/0/1 $9.19 #22
NAW GAW NWAY WE DUNG 1/1/7/9 $82.71 #2
NAW SAISH CUM 1/1/0/2 $18.38 #14
NAY WIN DAW SE NO QUAY 0/1/0/1 $9.19 #25
NE SO GOT 1/1/1/3 $36.76 #13
PE TAW SE GAY QUAY, Polly 0/1/0/1 $9.19 #19
SAW GAW NIN NE ABE 1/1/5/7 $64.33 #3
SHAW BWANSE 0/1/0/1 $9.19 #20
SHAW WAW NE PE NAY SE 1/1/4/6 $55.14 #4
SMITH, Thomas 1/0/0/1 $9.19 #23
SMITH, William Chief 1/1/4/6 $55.14 #1
TE YAW GUN 1/0/0/1 $9.19 #24
WAW BO GE NAW, Mark 1/1/3/5 $45.95 #5
WAY GE ZHE GO ME 1/0/0/1 $9.19 #21

ME ZHAW QUAW NAW UM'S BAND

CHE KO SE NAW SAY 1/1/5/7 $64.33 #5
KE CHE PE NAY SE 1/0/0/1 $9.19 #22
MAISH KE AW SHE 1/1/7/9 $82.71 #2
MAW CHE GAW BO WE 1/1/6/8 $73.52 #4
ME QUAW NE QUAY 0/1/0/1 $9.19 #17

63

ME ZHAW QUAW NAW UM Chief 1/1/4/6 $55.14 #1
NAW SAY CHE WAW NO QUAY 0/0/1/1 $9.19 #15
NAY YAW TOE 1/1/1/3 $27.57 #9
O TISH QUAY DIN 0/1/0/1 $9.19 #14
O GE SHE WAW NO QUAY 0/1/4/5 $45.95 #6
O WAW SE GE WAW NO QUAY 0/0/1/1 $9.19 #21
PE TAW QUO AW MO QUAY 0/0/1/1 $9.19 #20
PE NAY SE WE KE ZHICK 1/1/3/5 $45.95 #7
PEBONE, Benjamin 1/1/6/8 $73.52 #3
PEBONE, John 1/0/0/1 $9.19 #18
PO NE CUN GE GUN 1/1/1/3 $27.57 #10
SAW GAW SE NO QUAY'S Gr. Child 0/0/1/1 $9.19 #16
SHAW WAW NE PE NAY SE 1/1/1/3 $27.57 #11
TAW BAW SIN 1/1/0/2 $18.38 #13
WAW BO WAY 1/0/0/1 $9.19 #19
WAY WE GWANSE, David 1/1/1/3 $27.57 #12
WILLIAMS, John P. 1/1/2/4 $36.76 #8

NAW TAW WAY'S BAND

AW BE TAW NAW NAW QUOT 1/1/2/4 $36.76 #9
AW BE TAW WAW NAW QUO UNG 1/0/2/3 #15
CAMPEAU, Andrew 1/1/3/5 $45.95 #6
KAW GAY GE WAW NO 1/1/1/3 $27.57 #13
KAY SHE SHAW WAY 1/1/2/4 $36.76 #8
KAY TAW GE GO NAY BE 1/1/4/6 $55.14 #4
KAY CHE NO TWIG 1/1/5/7 $64.33 #3
KEY GOES Wife 0/1/0/1 $9.19 #24
KIN NE O BE 1/1/3/5 $45.95 #5
NAW BE GAY KAKE 1/0/2/3 $27.57 #17
NAW TAW WAY Chief 1/1/6/8 $73.52 #1
NAY WAW DAY KE ZHICK 1/1/1/3 $27.57 #16
NAY AW NAW QUAW DO 1/0/0/1 $9.19 #22
NE BE NAY GO ZHE GO QUAY 0/1/0/1 $9.19 #23
NO CAW SE GAY QUAY 0/1/0/1 $9.19 #20
O GAW BAY YAW BE WE QUAY 0/1/0/1 $9.19 #21
O SHAW O GAW 1/1/2/4 $36.76 #7
PAY SHE NIN NE 1/1/5/7 $64.33 #2
PAY WE CHE WAY SAW DUNGS Infant 0/0/1/1 $9.19 #25
PAY SHE TOE 1/0/1/2 $18.38 #18
PAY ZHONSE 0/1/0/1 $9.19 #19
PAY WE CHE NAY SAW DUNG 1/1/1/3 $27.57 #11
PE TAW GE WAW NO 1/1/1/3 $27.57 #12
SHAW BE YEA 1/1/1/3 $27.57 #14
WAY KE CHE WON, Maria 1/1/1/3 $27.57 #10

PAY BAW MAW SHE'S BAND

A SAW MAW 1/0/5/6 $55.14 #7
AW BWAY QUO UM 1/1/2/4 $36.76 #10

AW QUE DAW BAW NO QUAY 0/1/1/2 #18.38 #19
BALDWIN, Peter 1/1/3/5 $45.95 #8
KE WE WAINSE, John 1/1/2/4 $36.76 #9
KEESH KAW KOO, Jac. 1/1/2/4 $36.76 #11
MAW DWAY AW SE NO QUAY $18.38 #22
MAY CAW DAY O SHING 1/0/2/3 $27.57 #12
ME GE SEE 1/1/4/6 $55.14 #4
NAW WE AW BIN 1/1/4/6 $55.14 #6
NAY SHE KAY WAW SUNG 1/1/1/3 $27.57 #13
NAY KE ZHICK 1/1/4/6 $55.14 #2
NAY WAW DAY KE ZHICK 1/0/0/1 $9.19 #23
NE GAW NE QUO UM, Jacob 1/1/1/3 $27.57 #14
O KE CHE GUM 1/1/4/6 $55.14 #3
O KE CHE GUM, Thos. 1/1/1/3 $27.57 #16
PAWN DE GAY CAW WAW 1/1/0/2 $18.38 #18
PAY BAW MAW SHE Chief 1/1/1/3 $27.57 #1
PAY ZHICK WAW 1/1/1/3 $27.57 #15
WAW SAY CHE WON, Sol. 1/1/4/6 $55.14 #5
WAW SAY KE ZHICK 1/0/0/1 $9.19 #24
WAY BE GE NAW 0/1/1/2 $18.38 #21
WAY ME GWANSE, Wm. 1/1/0/2 $18.38 #20
WAY WE GWANSE, Silas 1/1/1/3 $27.57 #17

NAW WE KE ZHICK'S BAND

A KO GAW BO WE 1/0/0/1 $9.19 #25
AW BE TAW QUOT 1/1/3/5 $45.95 #11
AW QUAY ZANCE 0/1/0/1 $9.19 #30
GRUETT, James Jr. 1/0/0/1 $9.19 #27
GRUETT, Wm. 1/0/0/1 $9.19 #28
GRUETT, Sophia & Hester 0/2/0/2 $18.38 #23
GRUETT, James 1/1/4/6 $55.14 #5
I YALK 1/1/5/7 $64.33 #2
KAW GAY AW NAW QUOT 1/0/2/3 $27.57 #18
KAW GAY AW GE WON 1/1/1/3 $27.57 #22
KE WAY DIN 1/1/4/6 $55.14 #7
MAW CAW DAY GE ZHE GO 1/1/1/3 $27.57 #21
MAW CAW DAY WAW QUOT 1/1/4/6 $55.14 #8
ME SQUAW NAW QUAW DO QUAY 0/0/1/1 $9.19 #32
ME SHAW BOSE 1/1/4/6 $55.14 #4
NAW SAY YAW 0/1/2/3 $27.57 #19
NAW BAY GE ZHE GO QUAY 0/1/0/1 $9.19 #29
NAW WE KE ZHICK Chief 1/0/5/6 $55.14 #1
NON BE SHE QUAY 0/1/3/4 $36.76 #17
O NON GAW SE GAY 1/1/3/5 $45.95 #10
O ME SQUAW WAW NAW QUOT 1/0/3/4 $36.76 #13
PAY ME GO GING 1/1/2/4 $36.76 #15
PAY MAW SE GAY 1/1/2/4 $36.76 #14
PAY CAW NAW SE GAY 1/1/2/4 $36.76 #16
PE TWAY GO NAY BE 1/1/4/6 $55.14 #6

PEEN DE GAY 0/1/2/3 $27.57 #20
PONTIAC, John 1/1/4/6 $55.14 #9
SHE GAW BO WE QUAY 0/0/1/1 $9.19 #31
WAW OH 0/1/5/6 $55.14 #3
WAW BE GAW ME SKUM 1/1/2/4 $36.76 #12
WAW SODGE 0/1/0/1 $9.19 #26
WESTBROOK, Wm. 1/1/0/2 $18.38 #24

Elliott KAY BAY'S BAND

AISH QUAY GO NAY BE, Thos. 1/1/1/3 $27.57 #29
AW NE ME GAW BO WE 1/1/5/7 $64.33 #4
AW NAW QUAW DO 1/1/7/9 $82.71 #2
BOURASSA, Barnard 1/1/0/2 $18.38 #39
BOURASSA, M. D. 1/1/4/6 $55.14 #9
CATHERINE 0/1/0/1 $9.19 #56
CHING GAW QUO UM 1/1/0/2 $18.38 #43
GRAVERACT, Abraham 1/0/0/1 $9.19 #49
GRAVERACT, Mrs. Jac. 0/1/4/5 $45.95 #18
KAY BAY, Elliott Chief 1/1/4/6 $55.14 #1
KAY BAY O SAY, Benjamin 1/1/1/3 $27.57 #35
KAY KAKE 1/1/5/7 $64.33 #7
KE ZHE GAW SO WAY QUAY 0/1/1/2 $18.38 #42
KE ZHE GO PE NAY SE 0/0/1/1 $9.19 #53
KE WAY GE WAW NO QUAY 0/1/2/3 $27.57 #36
KE CHE PE NAY SE 1/1/4/6 $55.14 #13
MAW CHE AW NIN NE 1/0/3/4 $36.76 #25
ME SHAW BAW NO QUAY 0/1/4/5 $45.95 #21
MOSES 0/0/1/1 $9.19 #54
NAW NO CAW SE 1/0/0/1 $9.19 #50
NAW BAW TOE 1/1/2/4 $36.76 #23
NAW BE SHE GAW 1/0/0/1 $9.19 #57
NAW O QUAY KE ZHICK 1/1/1/3 $27.57 #31
NAW GAW NWAY WE DUNG 1/0/4/5 $45.95 #17
NAW BO GE MAW, David 0/0/1/1 $9.19 #51
NE BE NAW GE WAW NAW QUOT 0/1/0/1 $9.19 #47
NE GAW NE KE ZHICK 1/1/3/5 $45.95 #22
NE BAW QUO UM 1/1/3/5 $45.95 #20
O WAW NAW QUAY 0/1/1/2 $18.38 #44
O YAW BAY AW NAW QUOT 1/1/0/2 $18.38 #45
O TISH QUAY GWON 1/1/1/3 $27.57 #33
O KE CHE GUM 1/1/1/3 $27.57 #30
OTTAW WE GO NAY BE 1/1/4/6 $55.14 #10
OTTAW WAW, Samuel 1/1/5/7 $64.33 #5
PAY SHAW NAW QUOT 1/0/0/1 $9.19 #46
PAY SHE KE ZHICK 1/1/1/3 $27.57 #27
PAY ME GO GING 1/1/3/5 $45.95 #19
PE NAY ZHEENCE, Sol. 1/1/5/7 $64.33 #8
PE TWAY WE TUN 1/1/4/6 $55.14 #12
PE NAY SE WAW BAW NO QUAY 0/0/1/1 $9.19 #59

ROY, Mrs. Peter 1/1/1/3 $27.57 #34
ROY, Louison 1/0/0/1 $9.19 #55
ROY, William 1/0/0/1 $9.19 #48
ROY, Francis 1/1/5/7 $64.33 #6
ROY, John 1/1/2/4 $36.76 #24
SANS WAY WAY SHING 1/0/5/6 $55.14 #11
SAY GE TOE, Peter 1/1/0/2 $18.38 #40
SAY GE TOE 1/1/1/3 $27.57 #28
SAY CAW AW, James 1/1/4/6 $55.14 #16
SAY CAW AW, Wm. 1/1/2/4 $36.76 #26
SHAW WAW WE KE ZHICK, Robert 1/1/1/3 $27.57 #38
SHAW BE QUO UM, Thomas 1/1/1/3 $27.57 #37
SHAW WAW NAW NAW QUOT 0/0/1/1 $9.19 #58
SHE BAW KE ZHICK 1/1/5/7 $64.33 #3
TAY WAY GONSE 1/1/0/2 $18.38 #41
UM BAW SE NO QUAY 0/0/1/1 $9.19 #52
WASK TUN 1/1/1/3 $27.57 #32
WAW SAY AW NAW QUOT 1/1/4/6 $55.14 #14
WAY ME GWANSE 1/1/4/6 $55.14 #15

NAUCK CHE GAW ME'S BAND

A MAW 0/1/1/2 $18.38 #45
AIN DAW NAW SE GAY 1/1/1/3 $27.57 #25
AISH DAW NAW QUOT 1/1/5/7 $64.33 #7
AW BE TAW KE ZHICK 1/1/5/7 $64.33 #8
AW TE CAW ME GO QUAY 0/1/0/1 $9.19 #52
AW BE TAW KE ZHICK 1/1/6/8 $73.52 #3
CHING GWAW NAW QUOT 1/1/1/3 $27.57 #26
CLOUD, James 1/1/2/4 $36.76 #23
E TAW QUAY 0/1/5/6 $55.14 #9
KAW WE TGE AW SHE 1/1/3/5 $45.95 #14
KAW BAY ON 1/1/2/4 $36.76 #17
KAW BAY YAW, Jane 0/1/2/3 $27.57 #36
KAW GAY AW GE WAW NO QUAY 0/1/0/1 $9.19 #50
KAW KAW CHEESE 1/1/5/7 $64.33 #6
KAY BAY QUO UNG 1/1/2/4 $36.76 #18
KE WAY GE WAW 0/1/0/1 $9.19 #48
KE WAY GE WAW NO QUAY 0/1/2/3 $27.57 #37
KE ZHE GWAW NIN NE 1/0/1/2 $18.38 #41
ME ZHAW GWAW NE PE NAY SE 1/1/1/3 $27.57 #27
ME SQUAW AW NAW QUOT, John 1/1/2/4 $36.76 #24
ME QUAW NE QUAY 0/1/0/1 $9.19 #51
ME SQUAW AW NAW QUOT 1/1/2/4 $36.76 #19
NAUCK CHE GAW ME Chief 1/1/1/3 $27.57 #1
NAW O QUAISH CUM 1/0/0/1 $9.19 #54
NAW O CAW MICK 1/0/0/1 $9.19 #49
NAW GAW NE GAW BO NE 1/1/1/3 $27.57 #35
NAY TAW ME KE GE DO 1/1/2/4 $36.76 #20
NAY TAW MUP 1/1/0/2 $18.38 #43

NE BE NOS 0/1/7/8 $73.52 #4
NE GAW NE GAW BO WE QUAY 0/1/0/1 $9.19 #46
O BAW NE BAW 0/1/1/2 $18.38 #40
O GAW BAY QUO UM 1/0/2/3 $27.57 #28
O GE DAW NAW QUOT 1/1/1/3 $27.57 #31
O GAW BAY CAW ME NON 1/1/2/4 $36.76 #22
O GAW BAY AW NAW QUOT 1/1/3/5 $45.95 #13
PAW BE KO GE ZHE GO QUAY 0/1/1/2 $18.38 #44
PAW BAW MAW QUAW AW 0/1/1/2 $18.38 #42
PE NAY SE WAW BE, Josh. 1/1/3/5 $45.95 #15
PE TAW WAW 0/1/2/3 $27.57 #33
PEEN DE GAY MO GO NAW 0/1/3/4 $36.76 #21
PELKAY, Mary 0/1/0/1 $9.19 #55
PELKAY, Mrs. Antoine 0/1/6/7 $64.33 #5
QUAY KE GE ZHICK 1/1/1/3 $27.57 #34
QUAY KE CHE NAW 0/1/2/3 $27.57 #38
RILEY, James 1/1/4/6 $55.14 #11
SAY SAY GO NAY QUAY 0/1/0/1 $9.19 #53
SHAW BE QUO UM 1/1/1/3 $27.57 #39
SHAW WAW NIS 1/1/7/9 $82.71 #2
SHAW WAW NAW SE GAY 1/1/3/5 $45.95 #12
SHAW WAW NE KE ZHICK 1/1/1/3 $27.57 #32
WAIN DAW BE QUAY 0/1/3/4 $36.76 #16
WAW SE TE NAY BE 1/1/1/3 $27.57 #30
WAY BE SHE NAY QUAY 0/1/0/1 $9.19 #47
WAY BE GE WAW NO QUAY 0/1/2/3 $27.57 #29
WAY SE GAY 1/1/4/6 $55.14 #10

Elijah PILCHER'S BAND

AISH QUAY KE ZHICK 1/0/0/1 $9.19 #21
AISH TAW WAW BIN DUNG 1/1/0/2 $18.38 #17
AISH DAW NAW QUAY BE 1/1/3/5 $45.95 #7
ASHMAN, Eliza 0/0/1/1 $9.19 #24
BLANCHARD, John 1/1/3/5 $45.95 #8
DABIN, Peter 1/1/2/4 $36.76 #10
DULTON, Lucy 0/1/4/5 $45.95 #4
FISHER, Jacob 1/1/5/7 $64.33 #2
FISHER, James 1/1/3/5 $45.95 #5
HART, William 1/1/4/6 $55.14 #3
I YAW BANSE 1/0/1/2 $18.38 #18
KAW BE MWAY WE DUNG 1/0/1/2 $18.38 #20
KE CHE ME GIS, Saml. 1/1/1/3 $27.57 #13
KEY WAINSE 1/1/1/3 $27.57 #12
MARTHA 0/1/0/1 $9.19 #23
MAW DWAY GE WAW NO QUAY 0/1/1/2 $18.38 #16
NAW O KE ZHICK 1/1/2/4 $36.76 #11
NAY WAW TAY, Edith 0/1/0/1 $9.19 #22
NAY NAW WE GE ZHE GO QUAY 0/1/1/2 $18.38 #15
NELSON, Thomas 1/1/1/3 $27.57 #14

PAIM WAY WE DUNG 1/1/3/5 $45.95 #6
PILCHER, Elijah Chief 1/1/1/3 $27.57 #1
ROY, Joseph 1/1/0/2 $18.38 #19
TODD, John 1/1/2/4 $36.76 #9

David FISHER'S BAND

FISHER, David Chief 1/1/2/4 $36.76 #1
FISHER, Phillip 1/1/8/10 $91.90 #2
GAGE, Chas. Frank 0/0/2/2 $18.38 #12
KAW BAY AW NO QUAY 0/1/2/3 $27.57 #9
MAISH QUOT, Joseph 1/0/1/2 $18.38 #11
MAW TWAY BO GEE 1/1/1/3 $27.57 #7
MAW DWAY AW SE NO QUAY 0/1/3/4 $36.76 #4
ME SHE BE SHE 1/0/0/1 $9.19 #16
NAW GAW MWAY WE DUNG 0/0/1/1 $9.19 #17
NAW BE PE NAY SE 1/1/2/4 $36.76 #6
NAW GAW NE QUO UNG 1/1/1/3 $27.57 #8
O MAW YAW WAW 0/1/1/2 $18.38 #10
PAY ME QUO UNG 1/0/3/4 $36.76 #5
PE NAY SE WE GE ZHE GO QUAY 0/1/0/1 $9.19 #14
PE NAY SE WE KE ZHICK 1/1/0/2 $18.38 #13
QUE WIS, Harry 1/1/4/6 $55.14 #3
SHE BANSE 1/0/0/1 $9.19 #15

QUOT WAY BE'S BAND

AW BE TAW WAW NAW QUOT & Sister 1/0/1/2 $18.38 #19
CHAMBERLIN, Amos 1/1/0/2 $18.38 #22
FARLING, Amelia 0/1/0/1 $9.19 #27
FOURNIER, Mrs. 0/1/0/1 $9.19 #31
KAW BE MWAY WE DUNG 1/1/5/7 $64.33 #4
KAW TE GAY KOONSE 1/1/2/4 $36.76 #11
KAY BAY AW SUNG 1/1/1/3 $27.57 #16
KAY NE AW WAY, Thos. 1/1/5/7 $64.33 #3
KE O GWAW NAY BE 1/1/4/6 $55.14 #5
LAWRENCE, Mrs. H. 0/1/0/1 $9.19 #29
MAISH KE AW SHE, Lake 1/1/3/5 $45.95 #9
MAJOR, John B. 1/0/0/1 $9.19 #30
MAJOR, Peter 1/0/0/1 $9.19 #32
MAW CHE NAW NO QUAY 0/1/1/2 $18.38 #18
MAY AW ZHE WE 0/1/1/2 $18.38 #21
ME SHE WAW GAW 1/1/6/8 $73.52 #2
NE SO GOT, Joseph 1/1/3/5 $45.95 #8
O ME NE TE GO 0/1/0/1 $9.19 #23
PAW BE WOSH 1/1/3/5 $45.95 #10
PAW ACE 1/1/3/5 $45.95 #7
PAY MAW SE GAY 1/1/0/2 $18.38 #20
PE NAY SE WE KE ZHICK 1/1/0/2 $18.38 #17
PERRIE, Mrs. Chas. 0/1/0/1 $9.19 #28

QUOT WAY BE Chief 1/0/5/6 $55.14 #1
SAW GAW TUB 1/1/1/3 $27.57 #14
SAY QUAY NAW 1/1/4/6 $55.14 #6
SHARROW, Antoine 0/1/2/3 $27.57 #15
SHARROW, Alixse 1/0/0/1 $9.19 #26
SHAW WAW NAY SE 1/0/0/1 $9.19 #25
STEVENS, Mrs. D. 0/1/3/4 $36.76 #13
WAW BO GE MAW, Jack 1/0/0/1 $9.19 #24
WAY WIN DAW NAW QUOT 1/1/2/4 $36.76 #12

O SHAW WAW NO'S BAND

AISH QUAY BE 0/1/1/2 $31.70 #44
ASHMUN, Edward 1/1/8/10 $158.50 #4
AW WAW NAW QUOT, Jopseph 0/0/1/1 $15.85 #54
AW KO QUAGE 0/1/1/2 $31.70 #38
BARRY, Julia 0/1/0/1 $15.85 #56
BELONZHAY, Mrs. Francis 0/1/3/4 $63.40 #17
BOISROCOT, Mrs. Edward 0/2/0/2 $31.70 #39
BOUDRIE, John B. 1/0/0/1 $15.85 #63
BRIGGS, John 1/0/0/1 $15.85 #67
BRISBOIS, Narcissa 1/0/0/1 $15.85 #83
BUCK, Chas. Jr. 1/0/0/1 $15.85 #86
BUCK, Mrs. Chas. 2nd 0/1/0/1 $15.85 #79
BUCKWHEAT, Frank 0/0/1/1 $15.85 #84
BUSHAY, John B. 1/1/8/10 $158.50 #3
CADOTTE, Charles 1/1/1/3 $47.55 #25
CADOTTE, Louis Jr. 1/1/0/2 $31.70 #36
CADOTTE, Mrs. Alisxse 0/2/3/5 $79.25 #11
CAMERON, Mrs. Wm. 0/1/1/2 $31.70 #43
CAMPBELL, Mrs. J. H. 0/1/0/1 $15.85 #72
CAW NUSH KOO 1/1/0/2 $31.70 #52
CHE QUAI QUE 0/1/2/3 $47.55 #22
CHING GWALK 1/1/1/3 $47.55 #27
CHIPMAN'S, Mrs I. L. Chn. 0/0/3/3 $47.55 #21
CORTWAIN, Julia 0/1/1/2 $31.70 #34
COTAY, John 1/1/3/5 $79.25 #12
CYER, Mrs. Jesse 0/1/0/1 $15.85 #81
EDWARDS, Ellen 0/1/0/1 $15.85 #74
EDWARDS, Mrs. Jno. Sr. 0/1/2/3 $47.55 #20
ERMETINGER, Mrs. Thos. & Bro. 0/1/1/2 $31.70 #45
ERMETINGER, Mrs. John 0/1/0/1 $15.85 #57
GURNOE, John 1/1/7/9 $142.65 #6
GURNOE, Eli 1/0/2/3 $47.55 #28
HUDSON, Mrs. Henry 0/1/0/1 $15.85 #71
I YAW BANCE 1/1/2/4 $63.40 #14
JOHNSTON, John M. 1/1/10/12 $190.20 #1
JOHNSTON, William 1/0/2/3 $47.55 #24
JOHNSTON, Samuel & Jane 0/0/2/2 $31.70 #33
KAW KAW CHEESE 0/1/1/2 $31.70 #50
KAW WE TAW KE ZHICK, Gabriel 0/1/1/2 $31.70 #32
KAW BE DANE NAW 1/0/0/1 $15.85 #69
KE CHE OJIBWAY, Joseph 1/1/1/3 $47.55 #23
KO KOOSH'S Chn. 0/0/2/2 $31.70 #30
KO OTAN QUAY 0/1/0/1 $15.85 #64
LAFOE, Mrs. Angelique 0/1/0/1 $15.85 #82
LE COY, Madam 0/1/3/4 $63.40 #18

71

LE SAY, Madam 0/2/0/2 $31.70 #37
LELONE, Francis 1/0/1/2 $31.70 #46
LELONE, Paschal 0/0/1/1 $15.85 #88
MAW CAW DAY PE NAY SE, Jane 0/1/0/1 $15.85 #65
MAW KOONSE 1/1/0/2 $31.70 #49
MCFARLIN, Peter 1/0/0/1 $15.85 #77
MENICKLIER, Mrs. Joseph 0/1/0/1 $15.85 #61
MEROW, Chas. 1/0/0/1 $15.85 #75
NAW ME WAW NE GAW BO, Lou & Bro. 0/0/2/2 $31.70 #31
NAW WE AW GE WAW NO QUAY 0/1/0/1 $15.85 #60
NOLIN, John B. 1/1/6/8 $126.80 #7
NOLIN, Michael 1/1/0/2 $31.70 #48
O GAW BAY GE ZHE GO, Francis & Sis. 0/0/2/2 $31.70 #40
O SAW WAW MICK 1/1/8/10 $158.50 #5
O SHAW WAW NO, Joseph 0/0/1/1 $15.85 #66
O GAW BAY GE WAW NO QUAY 0/1/3/4 $63.40 #19
O SHAW WAW NO, Chief 1/1/2/4 $63.40 #15
O HIGH ISH 0/1/0/1 $15.85 #68
O SHAW WAW NO, Edward 1/0/0/1 $15.85 #58
O SHAW NAW NO, Louis 1/1/8/10 $158.50 #2
OJIBWAY QUAY 0/1/0/1 $15.85 #76
OJIBWAY, Justinia 0/1/1/2 $31.70 #42
ORD, John 1/0/0/1 $15.85 #87
PAW CAW CAW DOSE 1/1/0/2 $31.70 #51
PE TAW WAW NAW QUOT, Ellen 0/1/1/2 $31.70 #47
PE NAY SE WAW NAW QUOT 1/1/4/6 $95.10 #10
PELTIER, Victoria 0/1/0/1 $15.85 #78
PIQUETTE, Louisa 0/1/2/3 $47.55 #26
PIQUETTE, Antoine 1/0/2/3 $47.55 #29
PLANT, Mrs. Battise 0/1/0/1 $15.85 #53
QUE WIS 1/0/0/1 $15.85 #62
ROULEAN, Joseph 0/0/1/1 $15.85 #55
ROUSSAIN, Ellen 0/0/1/1 $15.85 #80
ROUSSAIN, Justinia 0/1/0/1 $15.85 #73
ROUSSAIN, John 1/1/2/4 $63.40 #16
SHAW GAW NAW SHE QUAY 0/1/0/1 $15.85 #59
SHAW WAW NE GAW BO 1/1/5/7 $110.95 #9
SHAY GO NAY BE, Edward 1/1/5/7 $110.95 #8
SHEARER, Mrs. 0/1/0/1 $15.85 #85
STAFFORD, Mrs. Wm. 0/1/0/1 $15.85 #70
STILES, Mrs. Amos 0/1/1/2 $31.70 #41
THORNE, Henry 1/1/3/5 $79.25 #13
VICTOR, Mrs. 0/1/1/2 $31.70 #35

John WAISH KEY'S BAND

AINN NE ME KEECE 2/1/1/4 $63.40 #11
BATTERFIELD, Charles 1/0/2/3 $47.55 #17
BROWN, George 1/0/3/4 $63.40 #15
BUNNO, Mrs. Leo 0/1/2/3 $47.55 #20

CADOTTE, Louis 1/0/1/2 $31.70 #29
CADOTTE, Philemon & Sister 0/0/2/2 $31.70 #27
CADOTTE, Daniel 2nd 0/0/1/1 $15.85 #45
CADOTTE, John 1/1/5/7 $110.95 #5
CAMERON, Mrs. Hugh 0/1/2/3 $47.55 #24
CHE MO AW WAY 1/0/5/6 $95.10 #7
COTAY, Henry 1/1/4/6 $95.10 #6
GREENBIRD, Moses 1/0/0/1 $15.85 #41
GURNOE, Louis 1/1/1/3 $47.55 #22
HEAD, Robert 1/0/0/1 $15.85 #37
JOHNSTON, Eliza 0/1/0/1 $15.85 #42
KAY KAY KOONSE, Henry 1/3/3/7 $110.95 #3
KAY KAY KOONSE, Wm. 1/0/0/1 $15.85 #43
KE CHE NAW BAW NO QUAY 0/1/0/1 $15.85 #38
KEY WAY DE NO QUAY 0/1/0/1 $15.85 #44
KO BAW GUM 1/1/2/4 $63.40 #14
LADEBAUCHE, John 1/0/0/1 $15.85 #46
LADEBAUCHE, Mrs. Fran. 0/1/1/2 $31.70 #30
MAW NE DO QUAY 0/1/0/1 $15.85 #40
MAY TWAY KE ZHICK 1/1/5/7 $110.95 #4
MCCOY, Mrs. Abrm. 0/1/1/2 $31.70 #31
ME SHOW, Mrs. Alixse 0/1/1/2 $31.70 #33
MEROW, William 1/1/2/4 $63.40 #13
MESSENGER, John 1/1/0/2 $31.70 #25
NAW SAY QUO UM 1/0/1/2 $31.70 #28
NAW O QUAY GE ZHE GO QUAY 0/1/2/3 $47.55 #16
NE GAW NAW SE NO QUAY 0/1/3/4 $63.40 #10
O DE QUAIB 0/1/0/1 $15.85 #34
PAY ME CHE MUNG 0/1/2/3 $47.55 #19
PINE, Louis 1/0/0/1 $15.85 #39
PINE, Paul 1/1/1/3 $47.55 #23
PLANT, Mrs. Henry 0/1/1/2 $31.70 #32
POUSSAIN, Mrs. Antoine 0/1/4/5 $79.25 #9
SHAW, William 1/1/1/3 $47.55 #21
SHAW, Louis 1/0/1/2 $31.70 #26
SHAW, Thomas 1/1/3/5 $79.25 #8
TEEPLE, Mrs. Simon 0/1/8/9 $142.65 #2
WAISH KEY, Mary 0/1/2/3 $47.55 #18
WAISH KEY, John Chief 1/1/8/10 $158.50 #1
WAISH KEY, William 1/1/2/4 $63.40 #12
WAW BO GIEG, Mary 0/1/0/1 $15.85 #36
WAW BAW NAW QUOT, Wm. $15.85 #35

SHAW WAN'S BAND

A DAW WE GE ZHE GO QUAY 0/1/3/4 $63.40 #13
A DAN DE WIN 0/3/2/5 $79.25 #5
AIN NE WAW QUO UNG 1/1/4/6 $95.10 #4
AIN NE WAW BE, John B. 1/1/0/2 $31.70 #21
AISH QUAY GO NAY BE, Franc. 1/1/1/3 $47.55 #14

AW BE TAW GE ZHE GO QUAY 0/1/4/5 $79.25 #7
CHARLOTTE 0/1/0/1 $15.85 #28
KEY WAY DE NO QUAY 0/1/3/4 $63.40 #12
LA POINTE, Mrs. 0/1/4/5 $79.25 #8
LEISHK, Mrs. Catherine 0/1/0/1 $15.85 #26
MARY ANN & Grandson 0/1/1/2 $31.70 #20
ME GE SAW SE NO QUAY 0/1/1/2 $31.70 #23
MEN DO SKUNG 1/1/5/7 $110.95 #2
NAY BE GE NAW NO QUAY 0/1/2/3 $47.55 #17
NAY TAW MAW BE 1/1/6/8 $126.80 #1
NOLIN, Le Gard 1/1/3/5 $79.25 #6
O GE MAW PE NAY SE 1/1/0/2 $31.70 #24
O MAW NO MAW NE 1/0/0/1 $15.85 #27
O SAW O QUO UM 1/1/3/5 $79.25 #9
O SHAW WAW SKO PE NAY SE 1/0/2/3 $47.55 #15
PAW ZHE DAW QUO UNG 1/1/1/3 $47.55 #16
PAW WE TE GO QUAY 0/1/2/3 $47.55 #19
PE DAW NAW QUAW DO QUAY 0/1/0/1 $15.85 #25
SAW GAW NAW NE QUAY 1/1/2/4 $63.40 #11
SHAW WAN, Chief 1/2/2/5 $79.25 #10
SHAY NAW WAW QUO UNG 0/0/2/2 $31.70 #22
VERNOR, Joseph 1/1/1/3 $47.55 #18
WAY GE MAW BE 1/1/4/6 $95.10 #3

                    PI AW BE DAW SING'S BAND

A DO SAY 1/1/5/7 $110.95 #7
AIN NE WAW BE 1/1/5/7 $110.95 #6
AISH QUAY GWON 1/1/0/2 $31.70 #29
AW BE TAW KE ZHICK 1/1/7/9 $142.65 #1
BRETT, Mrs. Geo. 0/1/1/2 $31.70 #31
CRUSHIER, Mrs. Chas. 0/1/1/2 $31.70 #33
ELMAR, Isabella 0/0/1/1 $15.85 #37
FOSTER, Mrs. Hugh 0/1/5/6 $95.10 #9
JUSTINIA & Moses 0/1/1/2 $31.70 #32
KAW WE TOS 1/1/2/4 $63.40 #21
KAY BAY O SAY QUAY 0/1/5/6 $95.10 #11
KE CHE PE NAY SE, Isabella 0/0/1/1 $15.85 #38
KEY WAY DE NO QUAY'S Chn. 0/0/3/3 $47.55 #27
LIRKER, Mrs. Chas. 0/1/3/4 $63.40 #22
MAW DOSH 1/1/1/3 $47.55 #24
MAW DOSH, David 1/1/1/3 $47.55 #25
ME SQUAW BAW NO KAY 1/1/3/5 $79.25 #12
MIN DE MO YEA 0/1/0/1 $15.85 #40
MO KE CHE WAW NO QUAY 0/1/7/8 $126.80 #3
NAW KKEY WAY 1/1/3/5 $79.25 #15
NAW WAW DE GO, Josette 0/1/1/2 $31.70 #35
O GAW BAY AW SE GAY QUAY 0/0/2/2 $31.70 #30
O NO WAY AW SE NO QUAY 0/1/5/6 $95.10 #10
O ME NAW CAW ME GO QUAY 0/1/0/1 $15.85 #36

O SHAW WAW SQUAW NAW QUOT 1/1/0/2 $31.70 #34
O ME NE SE NO QUAY 0/1/0/1 $15.85 #39
PAY ROW, Joseph 1/1/3/5 $79.25 #14
PE NAY SE NAW NAW QUAW DO QUAY 0/1/3/4 $63.40 #19
PI AW BE DAW SING, Chief 1/1/1/3 $47.55 #23
PI AW BE DAW SING, Edwd. 1/1/1/3 $47.55 #26
QUAY KE GE ZHE GO QUAY 0/1/4/5 $79.25 #17
RICE, Luther 1/1/3/5 $79.25 #18
SAW GAW GIEW 1/1/2/4 $63.40 #20
SHAW WAW NAW QUAW DO QUAY 0/1/4/5 $79.25 #13
SHAW BE YEA, Peter 1/1/1/3 $47.55 #28
SHING GWAW NAW QUOT 1/1/3/5 $79.25 #16
TAY KO ZE 2/2/2/6 $95.10 #8
WAW BE GAY KAKE 1/1/5/7 $110.95 #4
WAY BAW SE NO QUAY 0/1/8/9 $142.65 #2
WAY ZHE BWAW 0/1/6/7 $110.95 #5

Edwd. O MAW NO MAW NE'S BAND

A GIN DOS 1/1/1/3 $47.55 #19
AW BE TAW KE ZHICK 1/1/1/3 $47.55 #18
AW NUNG GO 1/0/0/1 $15.85 #31
AW NAW QUOT & Sister 1/1/0/2 $31.70 #27
BARRY, Julius 1/0/0/1 $15.85 #33
BELLAIRE, Antoine 1/1/2/4 $63.40 #15
BLACKJACK, Francis 1/1/1/3 $47.55 #23
BROWN, Mrs. Betsey 0/1/2/3 $47.55 #22
BUCK, Mrs. Chas. 0/4/0/4 $63.40 #13
KAW GAY AW SHE 1/1/4/6 $95.10 #6
KE CHE WAW NAY DE NO QUAY 0/1/0/1 $15.85 #29
KEY GO SANSE, Mrs. 0/1/4/5 $79.25 #9
MARSHALL, Mrs. David 1/1/3/5 $79.25 #10
NAW OQUAY GAW BO 1/0/0/1 $15.85 #32
NAW KE WAY 1/1/4/6 $95.10 #4
NAW NAW GUSE 1/1/1/3 $47.55 #21
NAW BE GWON 1/0/2/3 $47.55 #16
NAY TAW MEECE 1/1/4/6 $95.10 #5
O ME SAW DANCE, Julia & Bro. 0/1/1/2 $31.70 #26
O GE MAW PE NAY SE, Wm. 1/1/1/3 $47.55 #24
O MAW NO MAW NE, Maria 1/2/0/3 $47.55 #17
O MAW NO MAW NW, Edwd Chief 1/1/3/5 $79.25 #7
O SAW WE GAW ZHEENSE 1/0/2/3 $47.55 #20
O GE MAW PE NAY SE, Jac. 1/1/3/5 $79.25 #12
PAY KE NAW GAY 1/1/3/5 $79.25 #8
QUAY QUAY COB 1/1/5/7 $110.95 #2
SAW GE MAW QUAY 0/1/0/1 $15.85 #30
SHE GUN ZHE 2/1/1/4 $63.40 #14
SMITH, Mrs. Hosea 0/1/6/7 $110.95 #3
SYMAN, Mrs. John 0/1/4/5 $79.25 #11
TAW BE KOOSH 0/1/0/1 $15.85 #28

WAW NAW KIS 1/1/5/7 $110.95 #1
WAW SAY QUO UM, Geo. 1/1/0/2 $31.70 #25

WAW BE GAY KAKE'S BAND

AW BE TAW KE ZHICK 1/0/4/5 $79.25 #8
AW SAY KEY 0/1/0/1 $15.85 #16
AW KE NE DO WE 1/1/4/6 $95.10 #2
BAZENET, Alixse 1/1/4/6 $95.10 #4
BROWN, Mrs. Geo. 0/1/0/1 $15.85 #20
BWAWN, Wm. 1/1/2/4 $63.40 #10
CAMERON, Mrs. Jas. 0/1/4/5 $79.25 #5
JOHNSTON, John Geo. 1/1/3/5 $79.25 #7
KE ZHE GO QUAY 0/1/3/4 $63.40 #9
KE CHE E QUAY 0/0/1/1 $15.85 #23
LABRANCE, Mrs. Franc. 0/1/1/2 $31.70 #13
MAW DOSH, David Infant 0/0/1/1 $15.85 #22
MAW CO BWAWN 1/1/1/3 $47.55 #11
NAW NAN DE GO'S, Mrs. Josette Child 0/0/1/1 $15.85 #25
NE SHE NAY PE NAY SE 1/0/0/1 $15.85 #21
O GAW BAY AW NAW QUOT 1/1/5/7 $110.95 #1
O WISH TE AWE 1/0/0/1 $15.85 #18
O MAY TOS & daughter 0/2/0/2 $31.70 #12
PE TAW SE GAY QUAY 0/1/1/2 $31.70 #14
PROTER, John 1/0/0/1 $15.85 #19
QUAY GAW ZHE GAUSE 0/1/0/1 $15.85 #17
WAW BE GAY KAKE, Chief 1/0/0/1 $15.85 #15
WAW BE MONG 1/1/4/6 $95.10 #3
WAW BOSE, Smith 1/1/3/5 $79.25 #6
WE AW WE NIND 0/0/1/1 $15.85 #24

NAW O QUAISH CUM'S BAND

AW BE DAW NAW QUOT 1/1/0/2 $31.70 #11
AW KO WE SAY, Danl. 1/0/0/1 $15.85 #25
BERTRAND, John B. 1/1/1/3 $47.5 #9
CHE GAW CHE WAY SAY 1/0/0/1 $15.85 #21
FORTAIN, Mrs. John 0/1/2/3 $47.55 #7
KAW GE GAY PE NAY SE 1/1/1/3 $47.55 #8
KE SIS 1/1/3/5 $79.25 #3
KEY WAY AW SE NO QUAY 0/1/0/1 $15.85 #19
LAMBERT, Mrs. Geo. 0/1/1/2 $31.70 #12
LEPONSE, Louis 1/0/0/1 $15.85 #23
MAW CAW DAY OGWAW NAY BE 1/0/0/1 $15.85 #20
MORRIS, Mrs. Nicholas Jr. 0/1/3/4 $63.40 #6
MORRIS, Nicholas Sr. 1/1/0/2 $31.70 #15
NAW DO WAY GWAY SAW, Sarah 0/1/0/1 $15.85 #26
NAW O QUAISH CUM, Chief 1/0/0/1 $15.85 #18
NE SWAW SO GAW NAY 1/1/0/2 $31.70 #14
NOTE NO PE NAY SE 1/0/0/1 $15.85 #22

O GE NE WAY 0/1/0/1 $15.85 #24
O ME NAW CAW ME GO 1/1/0/2 $31.70 #13
O SAW WAW NE ME KE, Ignas. 1/1/3/5 $79.25 #4
PAY SHE GE ZHE GO QUAY 0/1/1/2 $31.70 #17
PAY BBAW MAW SHE 1/1/1/3 $47.55 #10
PE NAY SE QUAY 0/1/1/2 $31.70 #16
SAW GAW TAW GUN 1/1/3/5 $79.25 #5
WAW BAW SE NO QUAY 0/1/5/6 $95.10 #2
WAW SHOW 1/1/6/8 $126.80 #1

WAW SAY QUO UM'S BAND

AISH QUAY KE ZHICK 1/1/3/5 $79.25 #15
AISH CAW BOSE 1/1/2/4 $63.40 #17
CHAW WAY CUSH CUM 1/1/3/5 $79.25 #13
I YEA QUAW KE ZHICK 1/1/4/6 $95.10 #7
KAW BE MWAY AW SHE 1/1/3/5 $79.25 #10
KEY NO ZHE MEIG 0/0/1/1 $15.85 #35
KIN NE WE NAW GO SAY 1/1/1/3 $47.55 #18
MAW ING GUN, Charlotte 0/1/1/2 $31.70 #31
MAW NE DO GAW BO WE 1/1/5/7 $110.95 #4
MOOSE EQUAY 0/1/0/1 $15.85 #33
NAW BE KE ZHICK 1/1/0/2 $31.70 #30
NAY A TO SHING, Thos. 1/1/0/2 $31.70 #22
NAY A TO SHING, Wm. 1/1/4/6 $95.10 #6
NAY A TO SHING, Antoine 1/1/3/5 $79.25 #9
NO PE ME QUAY 0/1/1/2 $31.70 #29
O SHAW WAW SQUAW, Chas. 1/1/4/6 $95.10 #8
O GAW BAY O SAY QUAY 0/1/2/3 $47.55 #19
O BE MAW BAW NO QUAY 0/1/1/2 $31.70 #28
O SHAW WAW SKAW 1/1/0/2 $31.70 #21
O PUNG GE SHE MO KE 1/1/2/4 $63.40 #16
O GE MAW KE GE DO 1/1/5/7 $110.95 #5
PAW GWON GAY 1/1/3/5 $79.25 #11
PAWN DE GAY AW SHE 1/1/3/5 $79.25 #14
PAY SON WOLF 1/0/8/9 $142.65 #3
PAY BONE UNG 1/1/0/2 $31.70 #24
PE TAW WAW NAW QUOT 1/1/0/2 $31.70 #23
SAW GAW NAW QUAW DO 1/0/0/1 $15.85 #34
SHAW SHAW WAW NAY BEECE, Geo. 1/1/7/9 $142.65 #2
SHAW NAW NAW BAW NO QUAY 0/1/1/2 $31.70 #26
SHE BOSH CAW MO QUAY 0/1/1/2 $31.70 #27
TO PE NE BE 0/1/2/3 $47.55 #20
WAW SAY KE ZHICK 1/1/0/2 $31.70 #25
WAW SAY QUO UM, Chief 1/1/7/9 $142.65 #1
WAY ZHE ONE 1/1/0/2 $31.70 #32
WIN DE GO WISH 1/1/3/5 $79.25 #12

PAY ZHICK E WE KE ZHICK'S BAND

KAW BAY O SAY QUAY 0/1/6/7 $110.95 #1
KAY BAY O SAY DUNG 1/1/1/3 $47.55 #6
MAW NE DO WAY 1/1/1/3 $47.55 #5
NAY WAW DAY KE ZHICK 1/1/1/3 $47.55 #8
O MESH KO DAY SE QUAY 0/1/5/6 $95.10 #2
PAY SHE KE ZHICK 1/0/2/3 $47.55 #4
PAY ZHICK E WE KE ZHICK, Chief 1/0/2/3 $47.55 #3
PRICKETTE, Joseph 1/1/1/3 $47.55 #7
SAY GE TOE 1/0/0/1 $15.85 #9

AW KO WE SAY'S BAND

AIN NE WAISH KEY 1/1/1/3 $47.55 #13
AW KO WA SAY, Chief 1/1/1/3 $47.55 #12
AW KO WE SAY, David 1/1/6/8 $126.80 #1
AW KO WE SAY 1/1/3/5 $79.25 #8
AW KO WE SAY, Geo 1/1/1/3 $47.55 #16
FISHER, Chas. 1/0/1/2 $31.70 #17
FISHER, James 1/1/1/3 $47.55 #14
KAW WAY GO MO AW 1/1/0/2 $31.70 #24
KE WAY TE NAW QUO UM 1/1/3/5 $79.25 #10
KE SIS WAW BAY 1/1/3/5 $79.25 #7
KEY WAY SAW MO QUAY 0/1/1/2 $31.70 #18
KEY WAY YAW TO QUAY 0/1/0/1 $15.85 #30
KEY WAY CUSH CUM 1/0/0/1 $15.85 #25
MAY MAW GO WE NAY 1/1/4/6 $95.10 #4
ME ZHAW QUAW DO QUAY 0/1/2/3 $47.55 #15
ME SE NAW SKO DAY WAY 1/1/2/4 $63.40 #11
MEN DAW NAW BE 1/0/0/1 $15.85 #31
NAW WE KE CHE GAW WE QUAY 0/1/1/2 $31.70 #21
NAY ONG GAY BE 1/1/3/5 $79.25 #9
NAY SHE KAY SHE 1/1/5/7 $110.95 #2
NAY WAW CHE KE ZHICK 1/0/0/1 $15.85 #27
O GAW BAY AW BAW NO QUAY 0/1/0/1 $15.85 #32
O MAW SE QUAY 0/1/1/2 $31.70 #22
PAIN WAY WE DUNG 1/1/4/6 $95.10 #5
PAY BE SHAY 0/1/0/1 $15.85 #29
PE NAY SE WE KE ZHICK 1/1/3/5 $79.25 #6
PE NAY BAW TO QUAY 0/1/0/1 $15.85 #26
PEEN DE NAW GO QUAY 0/1/1/2 $31.70 #20
SAW GAW CHE WAY SAY QUAY 0/1/1/2 $31.70 #19
SHAW WAW NAW SHE 1/0/0/1 $15.85 #28
SHE BAW QUO UM 1/1/5/7 $110.95 #3
SHONG GWAY SHE QUAY 0/1/1/2 $31.70 #23

NAW O QUAY KE ZHICK'S BAND

AISH QUAY GAW BO WE 1/0/0/1 $15.85 #37
AISH KE BAW GAW NAW QUOT 0/0/1/1 $15.85 #35
BLACKMAN, Francis 1/1/1/3 $47.55 #26
CATHERINE 1/1/1/3 $47.55 #29
CHING GWAY 1/1/4/6 $95.10 #11
I YAW NUT 1/1/2/4 $63.40 #19
KAW WE TAW O SAY 1/1/4/6 $95.10 #8
KE CHE OJIBWAY, Joseph 1/1/5/7 $110.95 #1
KE CHE PE NAY SE 1/1/3/5 $79.25 #14
KE CHE O QUAY 0/1/0/1 #15.85 #38
KYE YISH KOONSE 1/1/2/4 $63.40 #20
MAW CHE NE TAW 1/1/2/4 $63.40 #17
MAW CAW DAY AW NIN NE 1/1/1/3 $47.55 #23
MAY MAW E GAY, Peter 0/0/1/1 $15.85 #39
ME ZHAW QUAW DO QUAY 0/1/0/1 $15.85 #40
MME ZHAW KE GWAW NAY AW SHE 1/1/1/3 $47.55 #30
NAW O QUAY KE ZHICK, Chief 1/1/2/4 $63.40 #18
NAW NE BO WE, Sophia 0/1/3/4 $63.40 #15
NAW O QUAY GE ZHE GONSE 1/1/4/6 $95.10 #10
NAY GE SHE GO ME 1/1/5/7 $110.95 #4
NAY NE AW SHE 1/1/4/6 $95.10 #9
O WAN O GE MAW 1/1/1/3 $47.55 #27
O GE MAW KE GE DO 1/1/1/3 $47.55 #25
O GAW BAY YAW 0/1/6/7 $110.95 #2
O GAW BAY AW BAW NO QUAY 0/1/2/3 $47.55 #24
O NAW NAW GO 1/1/3/5 $79.25 #12
O TISH QUAY GE ZHE GO QUAY 0/1/1/3 $31.70 #31
O TISH QUAY YAW 0/1/5/6 $95.10 #7
PAY WE SAY 1/1/0/2 $31.70 #32
PAY SHAW SE GAY 1/1/4/6 $95.10 #6
PE NAY SE 1/1/2/4 $63.40 #21
PE TWAY WE TUN 1/1/3/5 $79.25 #13
PE NAY SE WAW NAW QUOT 1/1/2/4 $63.40 #22
PE NAY SE NAW BAW NO QUAY 0/1/3/4 $63.40 #16
PON TIAC 1/1/5/7 $110.95 #5
SHAW NAW NON GAY, John B. 1/1/0/2 $31.70 #33
SHAW WAW NO QUAY 0/1/0/1 $15.85 #36
SHE BAW TE GO QUAY 0/1/0/1 $15.85 #41
TAY BAW SAW 1/1/5/7 $110.95 #3
WAW WE YEA KE ZHICK 1/1/1/3 $47.55 #28
WAY GE SHE GO ME 1/1/0/2 $31.70 #34

NAY WAW DAY KE ZHICK'S BAND

ANSE, Peter 1/1/3/5 $79.25 #8
ANSE, John B. 1/1/3/5 $79.25 #10
AW WAW ZHE ME GAY QUAY 0/1/1/2 $31.70 #35
AW NAW QUAW DO QUAY 0/1/1/2 $31.70 #27

AW KO WE SAY, Michael 1/1/0/2 $31.70 #36
AW BWANICE, Andrew 1/1/1/3 $47.55 #21
AW KO WE SAY, Daniel 1/1/3/5 $79.25 #6
BATTISE, John 1/1/2/4 $63.40 #12
BOURRASSA, Mrs. Peter 0/1/6/7 $110.95 #3
E TQW WAW CAW ME GO 1/1/7/9 $142.65 #1
KAW NE SAY QUAY 0/1/0/1 $15.85 #37
KAW KAW KAW SHE 1/1/5/7 $110.95 #2
KAW BAY ON 1/0/1/2 $31.70 #24
KAW GAY AW SO NAY QUAY 0/1/2/3 $47.55 #20
KEY SHE ZHE WAY 1/0/0/1 $15.85 #43
KEY WAY GE ZHE GO QUAY 0/1/0/1 $15.85 #38
MAW DWAY GE SE NUM 0/1/1/2 $31.70 #34
ME SAW GEE 1/1/0/2 $31.70 #31
ME SHE WAW QUAY 0/1/1/2 $31.70 #30
ME SHE BE SHE QUAY 0/1/3/4 $63.40 #13
ME SAW NE QUAY 0/1/0/1 $15.85 #39
ME SHE ME NAW NAW QUOT 1/1/1/3 $47.55 #17
MEN DAW WAW BE, John 1/1/0/2 $31.70 #33
NAW GAW NE GAW BO WE 1/1/0/2 $31.70 #28
NAY WAW DAY KE ZHICK, Chief 1/1/4/6 $95.10 #4
NE BE NAY GAW BO WE 1/1/0/2 $31.70 #32
NE SO GOT, John 1/0/0/1 $15.85 #44
NE BE NAY QUAY 0/1/2/3 $47.55 #19
NE GAW NE SAY 0/1/1/2 $31.70 #25
NE GAW NE SAY, Antoine 1/1/0/2 $31.70 #23
O GE MAW PE NAY SE 1/0/0/1 $15.85 #42
O TAW WAW QUAY 0/1/1/2 $31.70 #26
O TISH QUAY MO BAW NO QUAY 0/1/1/2 $31.70 #29
PAW KE CAW NNAW NO QUAY 0/1/2/3 $47.55 #16
PAW QUAW GE NIN NE 1/0/0/1 $15.85 #41
PAY BAW ME SAY 1/1/3/5 $79.25 #7
PAY SHE KE ZHICK 1/1/2/4 $63.40 #11
PAY SHAW BAY, Gabriel 1/1/2/4 $63.40 #15
PE SAW NE QUAY 0/1/5/6 $95.10 #5
PE NAY ZHEENCE, Joseph 1/1/2/4 $63.40 #14
SAW GAW NNAW QUAW DO 1/1/1/3 $47.55 #18
WAINE BWAY SKUM 1/1/1/3 $47.55 #22
WAW SAW BE KAY ZOO 0/1/0/1 $15.85 #40
WAY DO NE MO AW 1/1/3/5 $79.25 #9

KEY WAY CUSH CUM'S BAND

KAW ME SQUAW BAW NO KAY 1/1/3/5 $79.25 #5
KAW WE TAW KE ZHICK 1/1/0/2 $31.70 #12
KAY BAY O SAY 1/0/0/1 $15.85 #17
KEY WAY CUSH CUM, Chief 1/1/4/6 $95.10 #2
MAW ME WAY KE ZHICK 1/1/6/8 $126.80 #1
NAW O QUAY KE ZHICK 1/0/0/1 $15.85 #16
NAW BE GWAW NAY 1/1/4/6 $95.10 #3

NAW BE NIN DE GO 1/1/3/5 $79.25 #6
NAW O KE ZHICK 1/1/1/3 $47.55 #11
NAY TE NO QUAY 0/1/1/2 $31.70 #13
NAY GE WAW NO QUAY 0/1/0/1 $15.85 #15
NAY WAY WE SE MAW 1/1/3/5 $79.25 #4
NE BE NAY KE ZHICK 1/1/1/3 $47.55 #9
PE NAY SE WE KE ZHICK 1/1/1/3 $47.55 #8
PE TWAY WE TUM 1/1/1/3 $47.55 #10
SAY NIN GWAW BAY 1/1/3/5 $79.25 #7
SHING GO NAY CAW SE 1/1/0/2 $31.70 #14

KAW ZHE GWAW NE GAY'S BAND

AISH QUAY BE 1/0/0/1 $15.85 #13
ASH KE BUG, Geo. 1/0/0/1 $15.85 #14
AW BE TAW QUO UM 1/1/1/3 $47.55 #6
AW BWAINCE, Amos 0/0/1/1 $15.85 #15
DAY ME 0/1/1/2 $31.70 #10
KAW GE ZHE QUO UM 1/0/0/1 $15.85 #12
KAW ZHE GWAW NE GAY, Chief 1/1/3/5 $79.25 #1
KE ZHE GO QUAY 0/1/1/2 $31.70 #9
MAW CHE KE ZHE GO QUAY 0/1/2/3 $47.55 #5
MAW CHE GE NE NAY 1/1/0/2 $31.70 #11
ME GE SE QUAY 0/1/3/4 $63.40 #4
MEN DO SKUNG 1/1/1/3 $47.55 #7
NAW BE ME QUAY 0/1/1/2 $31.70 #8
NE SAW NAW CO WE NAY, Steph. 1/1/3/5 $79.25 #3
O SKE BAW KE ZHICK, John 0/0/1/1 $15.85 #16
QUEEN GWISH, Mary Ann 0/1/0/1 $15.85 #19
WAW KAY ZOO, Anna 0/1/0/1 $15.85 #17
WAW KAY ZOO, John B. 1/1/3/5 $79.25 #2
WAY TOS, Joseph 1/0/0/1 $15.85 #18

TAY BAW SE KE ZHICK'S BAND

A GAW O GO MO 1/1/2/4 $63.40 #16
AIN WAW TIN, Joseph 1/1/0/2 $31.70 #31
AIN WAW TE NO QUAY 0/1/1/2 $31.70 #37
AIN WAW TE NO QUAY 0/1/2/3 $47.55 #17
AKEN 1/1/3/5 $79.25 #7
AW NAW NE GE ZHE GO QUAY 0/1/1/2 $31.70 #34
AW WAW NE KE ZHICK 1/1/2/4 $63.40 #10
AW WAW NAW QUOT, Francis 1/1/2/4 $63.40 #11
BATTISE, John 1/0/0/1 $15.85 #48
JACKSON, Mrs. Henry 0/1/0/1 $15.85 #50
KAW GEE 1/1/0/2 $31.70 #35
KE ME WAW NISH CUM 1/1/1/3 $47.55 #19
KEY WAY NIN, Margaret 0/1/0/1 $15.85 #39
KEY WAY DIN 1/1/0/2 $31.70 #28
KEY WAY QUO UM, Saml. 1/1/1/3 $47.55 #25

KIN NE SHE NAY 1/1/1/3 $47.55 #18
MAW CAW DAY MONG 1/1/2/4 $63.40 #14
MAY YAW WAW CHE WON 0/1/0/1 $15.85 #44
ME ME 1/1/1/3 $47.55 #22
ME KE NOE 1/1/1/3 $47.55 #20
ME ZHAW GAW, Francis 1/1/4/6 $95.10 #4
MITCHELL 1/1/2/4 $63.40 #15
NAW SCAW 1/0/0/1 $15.85 #40
NAW BAW NAW GWAW DO QUAY 0/1/2/3 $47.55 #23
NAW O GWAW NAY BE, Jacob 1/0/0/1 $15.85 #49
NAW WE GE ZHE GO 1/0/3/4 $63.40 #13
NAW O QUAY KE ZHICK 1/1/1/3 $47.55 #21
NE GE GWAW BAW NO QUAY 0/1/0/1 $15.85 #47
NO PE ME QUAY 0/1/0/1 $15.85 #42
O GE MAW KE NAY SE 1/1/4/6 $95.10 #5
O PAY SHAW 0/1/1/2 $31.70 #36
O GE DAW NAW QUOT 1/1/4/6 $95.10 #3
O GE MAW KE GE DO 1/1/8/10 $158.50 #1
O SAW WAW NAW NE QUAY 0/1/0/1 $15.85 #38
O GE MAW KE GE DO, Enos 1/1/2/4 $63.40 #12
O KE CHE GE ZHE GO QUAY 0/1/1/2 $31.70 #30
O CHICK E SAW 0/1/0/1 $15.85 #41
PAWN DE GAY CAW WAW, Louis 1/1/0/2 $31.70 #33
PAY BAW ME SAY 1/0/0/1 $15.85 #45
PAY SHE NIN NE A BE 1/1/1/3 $47.55 #27
PAY ME KEY 0/1/0/1 $15.85 #46
SAW GAW NAW QUAW DO, Mrs. Francis 0/1/2/3 $47.55 #24
SAW GAW CHE WAY O SAY 1/1/1/3 $47.55 #26
SE BE QUAY 0/1/0/1 $15.85 #43
STE. PERRIE, Peter 1/1/0/2 $31.70 #32
TAY BAW SE KE ZHICK, Chief 1/1/3/5 $79.25 #8
TOTROCHEAU, John B. 1/1/3/5 $79.25 #9
WAW BE SKAW 1/1/3/5 $79.25 #6
WAW BOSE 1/1/4/6 $95.10 #2
WAY WIN DAW NAW QUAW DO QUAY 0/1/1/2 $31.70 #29

NAW WE MAISH CO TAY'S BAND

A SE BUN 1/1/5/7 $110.95 #11
A PAW PAW KEY, Mrs. 0/1/1/2 $31.70 #64
A GAW WAW NE GAY, Nesette 0/1/3/4 $63.40 #33
AISH PE GAW BOE 1/0/0/1 $15.85 #85
AISH KE BAW GOSH, Margt. 0/1/2/3 $47.55 #59
AISH KE BAW GAW WAW 1/0/1/2 $31.70 #71
AW NE WE QUO UM, Saml. 1/1/2/4 $63.40 #39
AW SE NAW BAY 1/1/1/3 $47.55 #48
AW NE ME QUO UM 1/1/4/6 $95.10 #13
AW BAW TOE 1/1/0/2 $31.70 #72
AW ZHE WAW ZHEW 0/1/0/1 $15.85 #91
CHANCE, Martha N. 0/1/0/1 $15.85 #95

CHAW ME, John B. 1/0/4/5 $79.25 #20
CHE GGAW ME QUAY, Mary 0/0/1/1 $15.85 #101
DAILEY, Daniel 1/0/0/1 $15.85 #97
DAILEY, Geo. 1/0/0/1 $15.85 #96
E DO WE KE ZHICK WAY BE 1/1/8/10 $158.50 #1
E TAW WAW CAW WE GO, Wm. 1/1/3/5 $79.25 #17
FLINT, Margaret 0/1/0/1 $15.85 #98
GILBERT, Francis 1/1/7/9 $142.65 #5
KE SIS WAW BAY 1/1/2/4 $63.40 #36
KE ZHICK WAW, Wm. 1/1/1/3 $47.55 #58
KEY SHAY PE NAY SE, Andw. 1/1/4/6 $95.10 #16
KEY O GE MAW, Louis 1/1/1/3 $47.55 #52
KEY NO ZHAY, Mary 0/1/1/2 $31.70 #63
KEY O GE MAW, Daniel 1/1/1/3 $47.55 #46
KEY ME WAW NAW UM 1/1/4/6 $95.10 #14
KEY O GE MAW, Chas. 1/1/3/5 $79.25 #23
KEY O GE MAW, John B. 1/1/3/5 $79.25 #25
KIN NE QUAY 0/2/2/4 $63.40 #32
KIN NE O QUAY 0/1/0/1 $15.85 #89
KIN NEECE, Michael 1/0/0/1 $15.85 #88
LABELLE, Theresa 0/1/0/1 $15.85 #99
LACROIX, Francis 1/0/0/1 $15.85 #100
LASLEY, Mrs. James 0/1/9/10 $158.50 #2
MAW CO QUAY 0/1/0/1 $15.85 #81
MAW CHIB O GO QUAY 0/1/0/1 $15.85 #93
MAW CO DAY ME KOONSE 0/1/1/2 $31.70 #74
MAY DWAY GO NAYAW SHE 1/1/2/4 $63.40 #34
MAY DWAY GON, Joseph 1/1/0/2 $31.70 #66
MAY DWAY GWON, Moses 1/1/1/3 $47.55 #62
ME GE SE MONG 1/1/0/2 $31.70 #77
ME TAW SAW 0/1/0/1 $15.85 #92
ME GE SE MONG, Jos. 1/1/2/4 $63.40 #42
MICK SAW QUAY 0/1/6/7 $110.95 #10
MICK SAY BAY, Francis 1/1/3/5 $79.25 #21
NAW DO WAY GWAY SAW, Isaac 1/1/3/5 $79.25 #30
NAW DO WAY GWAY SAW 1/1/5/7 $110.95 #8
NAW DO WAY GWAY SAW, Wm. 1/1/1/3 $47.55 #55
NAW WE MAISH CO TAY, Chief $79.25 1/1/3/5 #27
NAW O SIS O NAY BE 1/1/3/5 $79.25 #24
NAW WE MAISH CO TAY, Augustus 1/1/2/4 $63.40 #31
NAW WE MAISH CO TAY, Cath. 0/1/0/1 $15.85 #94
NAW WE MAISH CO TAY, Agatha 0/1/6/7 $110.95 #7
NAW BAW NAW SHE QUAY 0/1/0/1 $15.85 #83
NAW GAW NAW SHE 1/1/0/2 $31.70 #75
NAY ONG GAY BE, Joseph 1/1/2/4 $63.40 #38
NAY ONG GAY BE, Michael 1/1/2/4 $63.40 #41
NE SAW WAW QUOT, Peter 1/1/1/3 $47.55 #61
NE SAWWAW QUOT, Paul 1/1/0/2 $31.70 #76
NE SAW NAW QUOT, Joseph 1/1/3/5 $79.25 #18
NE ZHO TE GE 1/1/3/5 $79.25 #28

NE SHE KE PAY NAY SE 1/1/1/3 $47.55 #60
NE SAW NAW QUOT, John 1/1/1/3 $47.55 #53
NIN DO BAW NE QUAY 0/1/0/1 $15.85 #87
O GE MAW WE NIN NE, Paul 1/1/2/4 $63.40 #44
O TAW SHE TAW WON, Steph. 1/1/0/2 $31.70 #80
O TAY E MIN, Benj. 1/1/1/3 $47.55 #49
O TAY E MIN, Michael 1/1/2/4 $63.40 #40
O GE DAW NAW QUOT, Louis 1/1/2/4 $63.40 #35
O NAY NAW GOONSE, Peter 1/1/7/9 $142.65 #6
O TE NE GUN 1/1/0/2 $31.70 #73
O GE MAW PE NAY SE 1/1/3/5 $79.25 #19
O SAW GEE, Mitchel 1/1/5/7 $110.95 #9
O GAW O QUAY 0/1/1/2 $31.70 #70
O GE DAW NAW QUOT 1/0/1/2 $31.70 #67
OTTAW WAW NISH 0/1/1/2 $31.70 #65
PAW KEE, Mrs. Mary 0/1/2/3 $47.55 #45
PE NAY SE WAW 0/1/0/1 $15.85 #86
PE NAY GO, Thomas 1/1/1/3 $47.55 #57
PE NAY SE QUAY 0/1/2/3 $47.55 #54
QUAY KEY O QUAY 0/1/1/2 $31.70 #68
SAW KEE 1/1/0/2 $31.70 #79
SAW GAW NAW QUAW DO, Paul 1/1/1/3 $47.55 #47
SAW GAW CHE WAY O SAY 1/1/1/3 $47.55 #51
SAW GAW NAW QUAW DO, Louis 1/1/0/2 $31.70 #78
SHAW WAW NE PE NAY SE 1/1/8/10 $158.50 #3
SHAW GWAW BAW NO 1/1/1/3 $47.55 #50
SHAW NAW NAW SHE, Jas. 1/0/0/1 $15.85 #84
SHE GWAW MEIG 1/1/1/3 $47.55 #56
SHE GWAW JAW, Joseph 1/1/3/5 $79.25 #26 ·
SHOW MIN, Joseph 1/1/3/5 $79.25 #22
SHOW MIN, Peter 1/1/4/6 $95.10 #15
SHOW MIN, Mary 0/1/0/1 $15.85 #90
SHOW MIN, Louis 1/1/2/4 $63.40 #43
SHOW MIN, Thomas 1/1/2/4 $63.40 #37
SHOW MIN, John B. 1/0/0/1 $15.85 #82
TAW GWAW GAW NAY 1/1/7/9 $142.65 #4
TAW BAW SOSH, Francis 1/1/3/5 $79.25 #29
WAW SAY KE ZHICK, Francis 1/1/5/7 $110.95 #12
WAW BAY GOG 1/1/0/2 $31.70 #69

SHAW WAN DAY SE'S BAND

A SE BUN 1/0/0/1 $15.85 #32
AISH KE BAW GOSH 1/1/1/3 $47.55 #23
GREENSKY, Jacob 1/1/1/3 $47.55 #24
GREENSKY, Isaac 1/1/1/3 $47.55 #19
MAW NEE 0/1/0/1 $15.85 #31
ME SKO PE NAY SE 1/1/1/3 $47.55 #21
ME NAW QUOT 1/1/1/3 $47.55 #28
MWAW KE WE NAW 1/1/4/6 $95.10 #8

NAW O QUO UM, Thompson 1/1/2/4 $63.40 #17
NAW O QUO UM, Philip 1/1/2/4 $63.40 #16
NAW KAY O SAY, Benjamin 1/1/3/5 $79.25 #10
NAW O QUO UM 1/1/4/6 $95.10 #9
NAY WAW DAY KE ZHICK 1/1/4/6 $95.10 #7
NE GAW NE KE ZHICK 1/1/3/5 $79.25 #12
O GE MAW KE GE DO 1/1/1/3 $47.55 #20
O GE SHE AW BAW NO QUAY 0/1/2/3 $47.55 #22
O KIN GE WAW NO 1/1/5/7 $110.95 #4
O GE SHE WAY 0/1/3/4 $63.40 #15
PE NAY SE WAW NAW QUOT 1/0/0/1 $15.85 #30
SHAW WAN DAY SE, Chief 1/1/2/4 $63.40 #13
SHAW WAN DAY SE, Levi 1/1/2/4 $63.40 #14
SHE GWAW JAW 1/1/5/7 $110.95 #3
SHEPHERD, Geo. 1/1/0/2 $31.70 #29
TAW BAW SOSH 1/1/5/7 $110.95 #6
TAY BAW KE YAW 1/1/7/9 $142.65 #1
WAIM BWAY GO NAY BE 1/1/5/7 $110.95 #5
WAIN DAW SAW MO SAY 1/1/6/8 $126.80 #2
WALKER, Susan 0/1/0/1 $15.85 #33
WAW SAY KE ZHICK 1/1/3/5 $79.25 #11
WAW BE SKAW NAW QUO UM 1/1/1/3 $47.55 #18
WAW SAY QUO UM 1/1/1/3 $47.55 #26
WAY NAW TE SO 0/1/2/3 $47.55 #27
WAY WIN GE GWAW, Saml. 1/1/1/3 $47.55 #25

                    Geo. WAW KAY ZOO'S BAND

AW WAW NISH CUM 1/1/2/4 $63.40 #10
AW KE BE MO SAY, Wm. 1/1/3/5 $79.25 #5
AW WAW ZHE ME GAY QUAY 0/1/1/2 $31.70 #15
AW KE BE MO SAY, Louis 1/1/6/8 $126.80 #1
MAW TWAINCE, Jno. B. & Bros. 1/0/2/3 $47.55 #13
MAW TWAINCE, Joseph 1/0/0/1 $15.85 #20
MAW CAW DAY PE NAY SE 1/1/2/4 $63.40 #9
MAW CAW DAY ME KOONSE Child 0/0/1/1 $15.85 #23
MAW TWANCE, Chas. 1/0/3/4 $63.40 #7
NE SAW WAW QUOT'S, Jno. Infant 0/0/1/1 $15.85 #22
NNE SAW WAW QUOT 1/1/3/5 $79.25 #2
O TAW GAW ME KE, Louis 1/1/2/4 $63.40 #8
O ME SQUAW BAW NO QUAY 0/1/2/3 $47.55 #11
PAY MO SAY WAY QUAY 0/1/0/1 $15.85 #21
PAY WAW NAW QUOT 1/1/0/2 $31.70 #18
SHAW WAW NE GWAW NAY BE 1/1/0/2 $31.70 #14
SHAW BWAW SUNG, Mary 0/1/1/2 $31.70 #17
SHAW NAW NAW QUAW DO QUAY 1/1/1/3 $47.55 #12
TAY BAW SE GAY, Elias 1/1/3/5 $79.25 #3
WAW BE CHING GWAY 1/1/3/5 $79.25 #4
WAW KAY ZOO, Geo. Chief 1/0/0/1 $15.85 #19
WAW SAY AW NO QUAY 0/1/1/2 $31.70 #16

WAY GE ZHE GO ME, Michl. 1/1/2/4 $63.40 #6

Louis MICK SAW BAY'S BAND

AW SAY GON, Saml. 0/0/1/1 $15.85 #17
GREENSKY, Mary A. 0/1/0/1 $15.85 #13
MICK SAW BAY, Alexander 1/0/0/1 $15.85 #14
MICK SAW BAY, Wm. 1/0/0/1 $15.85 #12
MICK SAY BAY, Joseph 1/1/1/3 $47.55 #4
MICK SAW BAY 0/1/0/1 $15.85 #16
MICK SAW BAY, Theresa 0/1/0/1 $15.85 #9
MICK SAW BAY, Louis Chief 1/0/1/2 $31.70 #5
NAW WE KE ZHICK, Stephen 1/1/3/5 $79.25 #1
O SHAW WAW NO, Joseph 1/1/2/4 $63.40 #3
PAY BE SHAY 0/1/0/1 $15.85 #15
PAY SHAW BAY, Albert 1/1/0/2 $31.70 #8
PE SHEW, Angelique 0/1/1/2 $31.70 #6
PO GO NAY KE ZHICK 1/0/0/1 $15.85 #11
WAW SAY QUO UM, Louis 1/0/0/1 #18
WAW KAY ZOO, Joseph 1/0/0/1 $15.85 #10
WAW SAY GE ZHE GO QUAY 0/1/1/2 $31.70 #7
WAY ME GWANSE, Louis 1/1/2/4 $63.40 #2

AW ME QUAW BAY'S BAND

AIN WAW TE NAISH CUM 1/0/0/1 $15.85 #45
AW ME QUAW BAY, Chief 1/1/2/4 $63.40 #14
AW SE NE WAY 1/0/1/2 $31.70 #36
AW ME QUAW BAY, Eliza 0/1/0/1 $15.85 #49
AW SE NAW QUAY 0/1/1/2 $31.70 #33
AW ZHE DAY QUOT, Jane 0/1/1/2 $31.70 #34
CHING GWAW, Louis 1/1/4/6 $95.10 #9
KEY WAY KEN DO, Abrm. & Son 2/0/0/2 $31.70 #42
KEY WAY KEN DO, Amable 1/1/3/5 $79.25 #11
KEY WAY KEN DO, Michael 1/1/5/7 $110.95 #6
KEY WAY KEN DO, Andrew 1/1/5/7 $110.95 #5
KIN NE WE CHAW GUN 1/1/1/3 $47.55 #26
KIN NE WE CHAW GUN, Hyacinth 1/1/0/2 $31.70 #40
LA CROIX, Michael 1/1/2/4 $63.40 #20
MAW CAW DAY PE NAY SE. John B. 1/1/2/4 $63.40 #21
MAW CO ME NON 1/1/5/7 $110.95 #7
ME SQUAW WALK, Mary A. 0/1/0/1 $15.85 #43
ME NAW NAW QUOT, David 1/1/2/4 $63.40 #23
MO NE BAW DUM, Elizabeth 0/1/1/2 $31.70 #32
MWAW KE WE NAW, Peter 1/1/1/3 $47.55 #27
MWAW KE WE NAW, Jno. & Geo. 0/0/2/2 $31.70 #37
NE GAW NE QUO UM, Paul 1/1/3/5 $79.25 #12
NE BE NAY AW SUNG, Louis 1/0/0/1 $15.85 #50
O CUN DAY 1/1/0/2 $31.70 #35
O TAW NAW A ZHE, Abrm. 1/1/0/2 $31.70 #38

O KE NO TE GO 1/0/0/1 $15.85 #51
O TAW NAW A ZHE 1/1/4/6 $95.10 #8
O TAW NAW A ZHE, John B. 1/1/5/7 $110.95 #4
OTTAW WAW, Augustus 1/0/3/4 $63.40 #19
PE TAW SE GAY, Simon 1/1/2/4 $63.40 #18
PE TAW SE GAY, Ignatus 4/3/2/9 $142.65 #1
PE TAW SE GAY, Michael 1/1/4/6 $95.10 #10
PE TAW SE GAY, Francis 1/1/5/7 $110.95 #3
PE NAY SE WAW TE NO QUAY 0/1/0/1 $15.85 #46
PE TAW SE GAY, Louis 1/1/2/4 $63.40 #17
RODD, Mrs. Daniel 0/1/1/2 $31.70 #29
SAW GAW CHE WE WAY QUAY 0/1/1/2 $31.70 #41
SHAW WAW NAW NO QUAY 0/1/0/1 $15.85 #44
SHAW BWAW SUNG, Mary 0/1/4/5 $79.25 #13
SHAW WA, Moses 1/1/0/2 $31.70 #39
SHAW BWAW SUNG 1/1/0/2 $31.70 #31
SHAW BWAW SUNG, Mary Ann 0/1/3/4 $63.40 #22
SHAW BWAW SUNG, Francis 2/0/2/4 $63.40 #16
SHAY GWAW CO SHING 1/1/2/4 $63.40 #15
SHOW MIN, Peter 1/1/0/2 $31.70 #30
TAY GWAW GAW NAY, Michl. 1/1/1/3 $47.55 #28
TAY GWAW GAW NAY, Peter 1/1/1/3 $47.55 #25
WAIN BE NE ME KE, Charles 1/1/6/8 $126.80 #2
WAW BE NE ME KE, Jerh. 1/1/2/4 $63.40 #24
WAW KAY ZOO, Moses 1/0/0/1 $15.85 #47
WAW KAY ZOO, Stephen 1/0/0/1 $15.85 #48

NAY O GE MAW'S BAND

AISH KE BAW GOSH, Thads. 1/1/1/3 $47.55 #37
AISH KE BAW GOSH, Christine 0/1/1/2 $31.70 #43
AISH KE BAW GOSH, Benj. 1/1/2/4 $63.40 #24
AW SE NE WAY, John B. 1/1/3/5 $79.25 #15
AW SE NE WAY, Andrew 1/1/3/5 $79.25 #16
AW BE TAW CAW MIG, Elias 1/1/2/4 $63.40 #20
AW SE NE WAY, Simon 1/1/5/7 $110.95 #8
AW WAW NAW QUOT, Theresa 0/1/3/4 $63.40 #21
DAILEY, Robert 1/1/2/4 $63.40 #17
DAILEY'S, Robert Infant 0/0/1/1 $15.85 #52
KAW GAY GE WON 1/1/0/2 $31.70 #45
KAW GAY GE WON, Zephere 1/1/3/5 $79.25 #14
KAW NAY GO MO AW, Puis 1/1/1/3 $47.55 #35
KAW WAY GO MO AW, Jno. 1/1/4/6 $95.10 #11
KAW BE ME NE GAW NE 1/1/0/2 $31.70 #48
KAY GWAY DAW SUNG 1/0/1/2 $31.70 #49
KE NO ZHE MEIG, Francis 1/1/1/3 $47.55 #36
KE NO ZHE MEIG 1/1/4/6 $95.10 #13
KO SE QUOT, Benj. 1/1/1/3 $47.55 #30
KYE YOSH KOONSE 1/1/0/2 $31.70 #42
MAW CO CUN, Peter 1/1/1/3 $47.55 #28

MAW DWAY GE SE NUM 0/1/1/2 $31.70 #40
MAW CHE WE TAW 1/1/1/3 $47.55 #33
MAW CAW DAY GE NEW 1/1/7/9 $142.65 #1
MAW GE SON GAY 1/1/4/6 $95.10 #12
MAW TE NO 0/1/3/4 $63.40 #19
MAY DWAY AW SHE, Mary Ann 0/1/3/4 $63.40 #23
MAY SHE NIN NE 1/2/0/3 $47.55 #29
ME SHAW BE ME, Benj. 1/1/2/4 $63.40 #22
MICK SE NAY SAW, Augustus 1/0/0/1 $15.85 #50
MO KE CHE WON 1/1/5/7 $110.95 #5
NAW GAW NAW SHE, Patrick 1/1/0/2 $31.70 #41
NAY AW BAW NAW QUAW AW 1/1/2/4 $63.40 #25
NAY WAW GE BO, Francis 1/1/0/2 $31.70 #47
NAY O GE MAW, Ignatus 1/1/0/2 $31.70 #39
NAY O GE MAW, Chief 1/0/1/2 $31.70 #38
NAY GO TO KE 1/1/1/3 $47.55 #32
NE BWAW QUO UM 1/1/4/6 $95.10 #10
O NAY AW SE NO 1/1/2/4 $63.40 #26
O KE CHE GAW ME 1/1/1/3 $47.55 #34
O KE NO TE GO, Cath. 0/1/3/4 $63.40 #18
O TAW PE TAW 0/1/0/1 $15.85 #51
OTTAW WISH, John B. 1/1/0/2 $31.70 #44
PO NE SHING, Wm. 1/1/5/7 $110.95 #7
SAIN MICK 1/1/1/3 $47.55 #31
SHAW NAW NE GAW BO, Jos. 1/1/6/8 $126.80 #2
SHAW SHAW WAW NAY BEECE, Mary 0/1/1/2 $31.70 #46
SHAW WAW NAY SE, Mary 0/1/6/7 $110.95 #3
WAW SAY QUAW NIN GE GUN 1/1/1/3 $47.55 #27
WAW BE GAY KAKE 1/1/5/7 $110.95 #9
WAY DAY SHE NAY WAW 1/1/5/7 $110.95 #4
YONG GO WE, Mary 1/1/5/7 $110.95 #6

SIMON'S BAND

AISH KE BWAW, James 1/1/1/3 $47.55 #15
AW WAW NISH CUM 1/0/0/1 $15.85 #25
AW BE TAW KE ZHICK, Mary 0/1/1/2 $31.70 #17
BAW NAW BAY QUAY 0/1/0/1 $15.85 #23
KE ZHE GO QUAY 0/1/1/2 $31.70 #21
MARY ANN 0/1/1/2 $31.70 #20
MAW CAW DAY WAW QUOT 1/1/3/5 $79.25 #5
MAY SE NIN NE 1/0/0/1 $15.85 #28
MAY SE NIN NE, Joseph 1/1/0/2 $31.70 #22
MAY SE NIN NE, John 0/0/1/1 $15.85 #29
ME SAW NE QUAY 0/1/0/1 $15.85 #27
MEN DAW GAW GO QUAY 0/1/0/1 $15.85 #26
O GE SHE AW BAW NO QUAY 0/1/1/2 $31.70 #19
O TAW NAW A ZHE, Scott 1/0/0/1 $15.85 #24
PAW KE CAW NAW NAW QUOT 1/1/5/7 $110.95 #2
PAW GAWME SAY, Peane 1/1/0/2 $31.70 #18

PAY QUAY NAY 1/1/2/4 $63.40 #7
PAY ME SAW AW 1/1/4/6 $95.10 #3
PAY QUAY NAY, John 1/1/2/4 $63.40 #12
PAY ME SAW AW, Moses 1/1/2/4 $63.40 #9
SHAW BWAW SUNG 1/1/3/5 $79.25 #6
SHAY GO NAY BO, John B. 1/1/5/7 $110.95 #1
SHAY GO NAY BE, Francis 1/1/2/4 $63.40 #8
SHAY GO NAY BE, Antoine 1/1/1/3 $47.55 #16
SIMON, Chief 1/1/2/4 $63.40 #11
WAY WIN DE QUO UM 1/1/4/6 $95.10 #4
WE AW BE MIND, Joseph 1/1/1/3 $47.55 #13
WE AW BE MIND, Mary 0/1/2/3 $47.55 #14
WE AW BE MIND, Michael 1/1/2/4 $63.40 #10

Jos. WAY BWAY BUM'S BAND

AW BE TAW GE ZHE GO 1/1/3/5 $79.25 #9
AW SE NAW QUAY 0/1/0/1 $15.85 #32
DAVENPROT, Mrs. Wm. Jr. 0/1/0/1 $15.85 #29
KAW NO TE NO SKUNG 1/1/0/2 $31.70 #20
KAW GE GAY 1/1/4/6 $95.10 #7
KAY DAW, James 1/1/1/3 $47.55 #18
KAY GWAITCH, Michl 1/1/1/3 $47.55 #15
KEY ZHE GO WE, Ignatus 1/1/3/5 $79.25 #10
LA CROIX, Mrs. Francis 0/1/0/1 $15.85 #30
MAW CAW DAY PE NAY SE 1/1/6/8 $126.80 #2
ME SE SON QUAY 1/1/2/4 $63.40 #13
MICK SE NIN NE, Wm. 1/1/0/2 $31.70 #19
MO KE CHE WAW NO QUAY 0/1/3/4 $63.40 #12
NE GANSE 0/1/0/1 $15.85 #26
NON GAISH CAW WAW 1/1/6/8 $126.80 #1
O GAW BAY AW NAW QUOT, Joseph 1/0/0/1 $15.85 #28
O TAW NE ME KE ZHE GO QUAY 0/1/0/1 $15.85 #23
O SAW WAW NAW NE QUAY 0/1/0/1 $15.85 #31
O FLYNN, Mrs. Wm. 0/1/1/2 $31.70 #21
O SHAW NAW NO QUAY 0/1/2/3 $47.55 #17
O GE SHE AW NAW QUOT $63.40 #14
PAW SE GWE 0/1/0/1 $15.85 #24
PE NAW BE KOONSE 1/1/5/7 $110.95 #6
SAW GE TON DE WAY 1/1/5/7 $110.95 #4
SAY NIN GWAW BAY 1/1/5/7 $110.95 #5
SHAW WAW NAW NAW QUOT 1/1/5/7 $110.95 #3
SHAW BWAW SUNG 1/1/1/3 $47.55 #16
SHAW WAW NAW SE GAY 1/0/0/1 $15.85 #27
SHAW WAW NE QUO UM 1/1/3/5 $79.25 #11
SHAW WAW NE QUO UM, Sophia 0/1/0/1 $15.85 #25
SHE BAW TE GO QUAY 0/1/1/2 $31.70 #22
WAY BWAY BUM, Jos. Chief 1/1/4/6 $95.10 #8

Paul SHAW WAW NAY SE'S BAND

AIN WAW TE NAISH CUM, Joseph 1/1/2/4 $63.40 #32
AIN WAW TE NAISH CUM 1/1/5/7 $110.95 #4
AIN WAW TE NAISH CUM, Pius 1/1/2/4 $63.40 #21
AIN WAW TE NAISH CUM, Thomas 1/1/0/2 $31.70 #55
AW SAY GON, Angelique 0/1/1/2 $31.70 #54
AW BE NAW BE 1/1/4/6 $95.10 #6
BAY MO SAY WAY QUAY, Mary A. 0/1/0/1 $15.85 #68
BLACKBIRD, And. J. 1/1/1/3 $47.55 #48
BUSHAY, Angelique 1/1/0/2 $31.70 #61
CHING GWAW, Wm. 1/0/1/2 $31.70 #57
CHURCH, Joseph 1/1/2/4 $63.40 #34
E DO WE KE ZHICK, AW MAUB 1/1/3/5 $79.25 #19
E DO WE KE ZHICK, Paul 1/1/4/6 $95.10 #7
FLINT, John 1/1/0/2 $31.70 #52
GILBAULT, Mrs. Henry 0/1/3/4 $63.40 #33
GRAVERACT, Mrs. Henry 0/2/1/3 $47.55 #47
KE SIS WAY BAY 1/1/1/3 $47.55 #39
KE ZHE GO QUAY 0/1/1/2 $31.70 #50
KE ZHE GO PE NAY SE, Chas. 1/0/0/1 $15.85 #67
KE ZHE GO YAW 0/1/0/1 $15.85 #66
KEY O GE MAW, Mary 0/1/4/5 $79.25 #13
KEY WAY QUO UM, John B. 1/1/6/8 $126.80 #1
KEY WAY QUO UM, Mary Ann 0/1/2/3 $47.55 #42
KEY ZHE GO PE NAY SE, Simon 1/1/4/6 $95.10 #8
KEY NO ZHAY, Peter 1/1/6/8 $126.80 #2
KEY WAY E SAY, Louis 1/1/2/4 $63.40 #25
KIN NE QUAY 0/2/2/4 $63.40 #30
MAW CAW DAY ME GESEE, Alixse 1/1/3/5 $79.25 #20
MAW CHE EA SHE WAY 1/1/0/2 $31.70 #63
MAY GE SE DAY, Peter 1/1/4/6 $95.10 #9
MCGULPHIN, Mrs. Alixse 0/1/1/2 $31.70 #60
ME SHE KAY 1/1/2/4 $63.40 #24
MICK SE WAY WAY, Susan 0/1/3/4 $63.40 #23
MUN DAW MIN ME SHE KAY 1/1/1/3 $47.55 #46
MWAW KE WE NAW, Theresa 0/1/2/3 $47.55 #40
NAW GAW NAW SHE 1/2/2/5 $79.25 #10
NAW NE KE ZHICK WAY UM 1/0/1/2 $31.70 #58
NAW GAW NAW SHE, Jos. 1/1/2/4 $63.40 #31
NE SAW WAW QUOT, Daniel 1/1/2/4 $63.40 #28
O SAW WAW NE ME KE 1/1/0/2 $31.70 #53
O TAW ZHE WAY GE ZHE GO QUAY 1/1/1/3 $47.55 #41
O NAY NAW GOONSE 1/1/3/5 $79.25 #12
OJIBWAY, Mitchel 0/0/1/1 $15.85 #65
PAW QUAW GE NIN NE 1/0/0/1 $15.85 #64
PAY ME KE ZHICK WAY SKUNG 1/1/5/7 $110.95 #5
PAY MO SAY WAY, Angs. 1/1/3/5 $79.25 #17
PAY BAW MAW SHE, Jno. B. 1/0/1/2 $31.70 #51
PE TWAY NE TUM, Mary 0/1/1/2 $31.70 #59

PE NAY SE WAW 0/1/2/3 $47.55 #35
PELOTTE, Mrs. Alixse 0/1/1/2 $31.70 #56
PYANT, Joseph 1/1/3/5 $79.25 #18
QUAY CHE OH Casper 1/1/1/3 $47.55 #45
SAW GE MAW, Domineke 1/1/0/2 $31.70 #62
SAW GE MAW, Wm. 1/1/3/5 $79.25 #11
SHAW WAW NE QUO UM, Louis 1/1/2/4 $63.40 #22
SHAW WAW NAW NAW QUOT, Francis 1/1/1/3 $47.55 #44
SHAW WAW NAY SE, Paul Chief 1/1/6/8 $126.80 #3
SHAW WAW NE QUO UM, Michael 1/1/1/3 $47.55 #37
STEVENS, John 1/1/2/4 $63.40 #29
TAY BYE YAW, Antoine 1/1/2/4 $63.40 #26
TUSH QUAY AW BAW NO, Leon 1/1/1/3 $47.55 #43
WAW SO, Paul 1/1/3/5 $79.25 #14
WAW SO, Francis 1/1/3/5 $79.25 #15
WAW SO, Michael 1/1/1/3 $47.55 #49
WAW BE NE MAY 1/0/0/1 $15.85 #69
WAW SO, Simon 1/1/3/5 $79.25 #16
WAW SO, Junius 1/1/1/3 $47.55 #36
WAW SO, Peter 1/1/1/3 $47.55 #38
WY YEA SHAY, Joseph 1/1/2/4 $63.40 #27

PAY ZHICK WAY WE DONG'S BAND

AW NE WAY NE MO 1/1/3/5 $79.25 #11
AW DAY NE ME, John 1/1/3/5 $79.25 #15
AW ZHE GO NAY GE ZHE GO QUAY 1/1/0/2 $31.70 #44
AW DAY NE ME, Joseph 1/1/2/4 $63.40 #25
AW GAW DO 1/1/1/3 $47.55 #42
BATTISE, John 1/1/1/3 $47.55 #41
HARRIET 0/1/1/2 $31.70 #47
HE TAW NAY SAW 1/1/2/4 $63.40 #20
KAW ZEE 1/1/1/3 $47.55 #35
KAY TE NAW BE ME 1/1/3/5 $79.25 #10
KAY BAY O SAY 1/1/3/5 $79.25 #14
KE ZHICK 1/1/1/3 $47.55 #31
KEY ME WAW NAW UM 1/1/0/2 $31.70 #49
KEY NO GWAW GAW WAY QUAY 0/1/3/4 $63.40 #18
KIN NE WE KE ZHE GO QUAY 0/1/3/4 $63.40 #19
LAMBERT, Geo. 1/0/0/1 $15.85 #55
MAW CO PAW 1/1/1/3 $47.55 #43
MAY TAW SE GE 1/1/2/4 $63.40 #28
MAY YAW WA KE ZHICK 1/1/5/7 $110.95 #7
ME SHE BE SHE WAY, John 1/1/1/3 $47.55 #40
ME GWANSE, Morris 1/1/1/3 $47.55 #38
ME ZHAW GAW 1/0/0/1 $15.85 #58
MO ZHO BAY 1/0/0/1 $15.85 #57
MOSES 1/1/3/5 $79.25 #13
NAW O QUAINCE 1/1/0/2 $31.70 #46
NAW O QUAY KE ZHICK 1/1/3/5 $79.25 #16

NAW GAW WE GWON 1/1/1/3 $47.55 #39
NAY NE GE GWAW NAY AW SHE 1/1/6/8 $126.80 #3
NE BE NE GWAW NAY BE 1/1/6/8 $126.80 #6
NE SAW WAY WAY 0/1/1/2 $31.70 #52
O CHAW WON 0/1/1/2 $31.70 #51
O SAW NAW NE ME KE, Simon 1/1/0/2 $31.70 #54
O SAW WAW NE ME KE 1/1/5/7 $110.95 #8
O GE DAW CAW MIG 1/1/1/3 $47.55 #36
OTTAWA, Mary A. 0/1/0/1 $15.85 #56
PAW ZHE DAW NAW QUOT'S Infant 0/0/1/1 $15.85 #59
PAW ZHE DAW NO QUAY 0/1/2/3 $47.55 #34
PAW GHE DAW NAW QUOT 1/1/6/8 $126.80 #4
PAWN DE GAY CAW WAW, Jos. 1/1/4/6 $95.10 #9
PAY SHE NIN NE 1/1/7/9 $142.65 #1
PAY ZHICK WAY WE DONG, Chief 1/1/6/8 $126.80 #5
PAY SHE GO PE NAY SE QUAY 0/1/1/2 $31.70 #50
PAY BAW MWAY WAY 1/1/2/4 $63.40 #27
QUAY KE GWAW NAY BE 1/1/2/4 $63.40 #30
SAY SAY GAW NAW QUO UM 1/1/2/4 $63.40 #26
SAY SAY GO NAW NAW QUOT 1/1/2/4 $63.40 #24
SHAW WAN 1/1/1/3 $47.55 #37
SHAW WAW NON GAY O SAY, Peter 1/1/2/4 $63.40 #22
SHAW WAW NAW SE GAY QUAY 0/1/1/2 $31.70 #48
SHAY GO NAY SAW 1/1/2/4 $63.40 #21
SHOW QUAW BICK 0/1/0/1 $15.85 #60
TAW CAW MAW NAW QUOT 1/1/0/2 $31.70 #45
WAW SAISH CUM 1/1/2/4 $63.40 #17
WAW BE SKE BE NAY SE 1/1/1/3 $47.55 #32
WAW WE NAISH KUNG 1/1/1/3 $47.55 #33
WAY SHE NOW 0/1/1/2 $31.70 #53
WAY GE NE WE GWON 1/1/7/9 #2
WAY WIN DAW BAW NO QUAY 1/1/3/5 $79.25 #12
WAY SHE QUAW NAY 1/1/2/4 $63.40 #23
WAY WE GWAW NAY 1/1/2/4 $63.40 #29

                    NAW O QUAY GAW BO WE'S BAND

A CHE GAW NAY AW SUNG 1/0/0/1 $15.85 #21
AW ZHE GO NAY GE ZHE GO QUAY 0/0/1/1 $15.85 #24
AW DAY NE ME, Francis 1/1/0/2 $31.70 #19
BE NAY SE QUAY, Mary 0/1/1/2 $31.70 #16
BOURRASSA, Mrs. Francis 1/1/4/6 $95.10 #4
KAY TAW GGE GWOS 1/0/3/4 $63.40 #11
MARY ANN 0/1/2/3 $47.55 #12
MAY MAY E GWON 1/1/3/5 $79.25 #10
ME GE SE QUAY 0/1/0/1 $15.85 #22
ME SKO PWAW GUN 1/1/3/5 $79.25 #8
ME SAW TE GO 1/1/3/5 $79.25 #6
NAW O QUAY GAW BO WE, Chief 1/1/4/6 $95.10 #3
NE BE NAY GWON 1/1/4/6 $95.10 #5

NE SWAW WAW NAW QUOT 1/2/0/3 $47.55 #13
O ME SHE QUAW DO 1/1/3/5 $79.25 #9
O TUSH E TAW WON 1/1/3/5 $79.25 #7
PAY ME SAW DUNG 1/1/0/2 $31.70 #17
PE TWAY WAY WAY KE ZHICK 1/1/5/7 $110.95 #2
PONACE, Paul 1/0/0/1 $15.85 #23
SAW GAW NAW QUOT 1/1/7/9 $142.65 #1
SAY GE TOE 1/1/1/3 $47.55 #15
SHE GAW NAY GE ZHICK O QUAY 0/1/1/2 $31.70 #18
SOLOMON & Bro. 1/0/1/2 $31.70 #20
WAIN DAW SUNG 1/1/1/3 $47.55 #14

MACKINAC BAND

AISH QUAY KE ZHICK 1/1/5/7 $110.95 #3
AISH CAW BAY WIS 1/1/7/9 $142.65 #1
ANSE, Peane & Sisters 1/0/2/3 $47.55 #24
ANSE, Anthony 1/0/0/1 $15.85 #41
ANSE, Amable Chief 1/1/4/6 $95.10 #9
BELONZHAY, Mrs. Jos. 0/1/5/6 $95.10 #12
BELONZHAY, Mrs. Chas. 0/1/3/4 $63.40 #21
BENNETT, Louis 1/1/1/3 $47.55 #26
BODWAINE, Madam 0/1/0/1 $15.85 #50
BODWAINE, Mrs. Josette 0/1/4/5 $79.25 #18
BOURRASSA, Mrs. Louis 0/1/2/3 $47.55 #25
CHAMPAIGNE, Madam 0/1/0/1 $15.85 #51
GRAHAM, John 1/0/0/1 $15.85 #44
GRAHAM, Francis 1/1/4/6 $95.10 #8
GRANDAIR, Mrs. Louis 0/1/0/1 $15.85 #49
HAMLIN, Angelique & Paul 1/1/0/2 $31.70 #33
HAMLIN, Hyacinth 1/0/0/1 $15.85 #60
HAMLIN, Moses 1/0/0/1 $15.85 #40
HAMLIN, Roselie 0/1/5/6 $95.10 #6
HIGGINS, Mrs. 0/1/0/1 $15.85 #42
HUBERT, Francis 1/1/1/3 $47.55 #27
I YAW BE TAW SING, Jos. 1/0/0/1 $15.85 #57
JAUNDREAU, Antoine & Bro. 1/0/1/2 $31.70 #34
KAW KYE YEA, Mrs. Joseph 0/1/1/2 $31.70 #36
KE CHE TO TAW WON 1/0/0/1 $15.85 #43
LABELLE, Joseph 1/0/0/1 $15.85 #61
LABUTE, Mrs. Alixse 0/1/0/1 $15.85 #47
LASLEY, Geo. 1/1/1/3 $47.55 #28
LAZAIRE, Catherine 0/1/0/1 $15.85 #52
LEVAKE, Mrs. Fredk. 0/1/2/3 $47.55 #23
LEVAKE, Fredk. 1/1/3/5 $79.25 #16
LEVAKE, Chas. 1/0/1/2 $31.70 #30
LUSHWAY, Mrs. Louis 0/1/0/1 $15.85 #46
MARTIN, Augustus 1/1/4/6 $95.10 #10
MARTIN, Louis 1/0/2/3 $47.55 #29
MARTIN, Antoine 1/0/0/1 $15.85 #37

MARTIN, Francis 1/0/0/1 $15.85 #38
MARTIN, Mrs. Angelique 0/1/0/1 $15.85 #55
MAY SE SWAY WE NIN NE, Peter 1/1/3/5 $79.25 #17
ME TAW KOO 1/1/2/4 $63.40 #22
ME SAW TE GO 1/1/0/2 $31.70 #31
ME SHE NE ME MACK E NAY GO 1/1/2/4 $63.40 #20
NAW WE KE ZHE GO QUAY 0/1/6/7 $110.95 #2
NAW O QUAISH CAW MO QUAY 0/1/0/1 $15.85 #39
O GAW BAY GE ZHE GO QUAY 0/1/4/5 $79.25 #15
O MUSH KO GE 1/0/4/5 $79.25 #14
O GE MAW WE NIN NE 1/1/4/6 $95.10 #13
PAW GE NAY 0/1/0/1 $15.85 #48
PAY SHE GAW BO WE 1/1/4/6 $95.10 #7
PE NON GAY, Catherine 0/1/1/2 $31.70 #32
PE DAW NAW QUAW DO QUAY 0/1/0/1 $15.85 #45
PEROW, Alixse & Orphan 1/0/1/2 $31.70 #35
POND, Louis 1/1/2/4 $63.40 #19
REBEARU, John B. 1/0/0/1 $15.85 #56
ROCKLEE, Mrs. Louis 0/1/0/1 $15.85 #59
SHOW E GAW 1/0/0/1 $15.85 #54
TE BISH KO KE ZHICK 1/1/4/6 $95.10 #5
TROMBLY, Mrs. 0/1/0/1 $15.85 #53
TRUCKEY, Angelique 0/1/0/1 $15.85 #58
VELLAIRE, Mrs. Saml. 0/1/6/7 $110.95 #4
WAY BE GWAW NAY BE 1/1/4/6 $95.10 #11

SNOW ISLAND BAND

AIN NE ME KE WAW BE 1/1/3/5 $79.25 #6
CADOTTE, John B. 1/1/4/6 $95.10 #2
CADOTTE, Augustus 1/1/3/5 $79.25 #5
DOPHENA, Mrs. Hyacinth Jr. 0/1/3/4 $63.40 #8
DOPHENA, Mrs. Francis 0/1/2/3 $47.55 #12
DOPHENA, Mrs. Francis Infant 0/0/1/1 $15.85 #18
MAW CHE O NON 1/0/1/2 $31.70 #15
MAW DWAY GE WAW NO QUAY 0/1/0/1 $15.85 #17
MAY YAW NAW GE WON 1/1/1/3 $47.55 #13
NE SWAW SO GAW BO WE 1/1/2/4 $63.40 #9
O MAY YAW BAW NO QUAY 0/1/3/4 $63.40 #7
O DOS KE NOW 1/1/3/5 $79.25 #4
PAY BAW ME SAY, Chief 1/1/3/5 $79.25 #3
PE TAW WAW NAW QUAW DO QUAY 0/1/2/3 $47.55 #11
PEROW, Mary A. 0/1/2/3 $47.55 #14
WAW BE KE ZHICK 1/1/6/8 $126.80 #1
WAW SAY KE ZHICK 1/1/0/2 $31.70 #16
WAY ZHE BUN AW WAY 1/1/1/3 $47.55 #10

PINE RIVER BAND

```
AW NO KE ZHICK 1/1/1/3 $47.55 #12
DAY WAW CHE KE ZHICK WAY BE 1/1/2/4 $63.40 #6
KE CHE GAW NAW QUO UM 1/1/2/4 $63.40 #8
KE SHE GE WAW NO QUAY 0/1/1/2 $31.70 #18
KEY WAY KE ZHICK 1/1/3/5 $79.25 #4
KKE WAY AW SE NE QUAY 0/1/2/3 $47.55 #10
LABELLE, Geo. 1/0/0/1 $15.85 #21
MAISH CO TAY GWAW NAY BE 1/0/0/1 $15.85 #23
MAW CHE GO NAY AW SHE 1/0/0/1 $15.85 #20
NAW GAW NE GWON 1/1/2/4 $63.40 #5
NE SWAW SO BE Jr., Chief 1/1/5/7 $110.95 #2
NE SWAW SO BE Sr. 1/1/8/10 $158.50 #1
O SAW WAW BE CO QUAY 0/1/0/1 $15.85 #19
O MAW NO MAW NE QUAY 1/1/0/2 $31.70 #16
O KE CHE GUM & Sisters 0/3/1/4 $63.40 #7
O TISH QUAY 0/1/2/3 $47.55 #14
PAW ACE 1/1/3/5 $$79.25 #3
PAW ME GE WAW NO QUAY 0/1/1/2 $31.70 #15
SHE BYE AW BOOSE QUAY 0/0/1/1 $15.85 #22
TAY TAW GWAW SE NO QUAY 0/1/1/2 $31.70 #17
WAW WE GUN 1/1/1/3 $47.55 #9
WAW SAY KE ZHE GO QUAY 0/1/2/3 #13
WAW SAY GE NAW NO QUAY 0/1/2/3 $47.55 #11
```

SAW GAW NAW QUAW DO'S BAND

```
AIN NE ME KE WAW BE 1/1/4/6 $95.10 #2
ANDREWS, Mrs. John 0/1/0/1 $15.85 #18
ANDREWS, Wm. Jr. 1/1/1/3 $47.55 #9
ANDREWS, William Sr. 1/1/8/10 $158.50 #1
AW BE WAW NAY 0/1/1/2 $31.70 #13
BAZENET, Joseph 1/0/1/2 $31.70 #11
BAZENET, John B. 1/1/4/6 $95.10 #3
FOUNTAIN, Mrs. Chas. 0/1/1/2 $31.70 #12
KARROW, John B. 1/0/0/1 $15.85 #19
MAISH CO TAY GWON 1/0/2/3 $47.55 #10
MARTIN, Mrs. Simon 0/1/2/3 $47.55 #6
NAW O QUAISH CUM 1/0/0/1 $15.85 #16
NAW O QUO AW MO QUAY 0/1/1/2 $31.70 #14
SAW GAW NAW QUAW DO, Chief 1/1/1/3 $47.55 #8
SHAR BAW NO, Mrs. J. B. 0/1/0/1 $15.85 #17
SHAR BAW NO, Mrs. Barzillai 0/1/2/3 $47.55 #7
WAW WAW SAW MO QUAY 0/1/1/2 $31.70 #15
WAW BE GE NEECE 1/1/3/5 $79.25 #5
WAY GE MAW WAW BE 1/1/3/5 $79.25 #4
```

BAZENETT, Mrs. Mary 0/1/0/1 $15.85 #57
BEAUBIEN, Mrs. Louis 0/1/0/1 $15.85 #39
BELONZHAY, Mrs. Paul 0/1/1/2 $31.70 #27
BELONZHAY, Mrs. Louis 0/1/0/1 $15.85 #44
BENNETT, Mrs. Chas. 0/1/4/5 $79.25 #5
BIDDLE, Mrs. Agatha Chief 0/1/3/4 $63.40 #11
BLANCHARD, Mrs. Isaac 0/1/0/1 $15.85 #37
BOURRASSA, Mrs. Vital 0/1/1/2 $31.70 #21
CADOTTE, Mrs. Louis 0/1/3/4 $63.40 #7
CHAMPAIGNE, Mrs. Sarah 0/1/1/2 $31.70 #35
CHAPMAN, Mrs. Bela 0/1/1/2 $31.70 #31
CHEROW, Mrs. Joseph 0/1/0/1 $15.85 #40
CUSHWAY, Mrs. Alice 0/1/3/4 $63.40 #8
DAVENPORT, Mrs. Wm. Sr. 0/1/0/1 $15.85 #43
DAVENPORT, Mrs. Amb. 0/1/1/2 $31.70 #32
DOPHENA, Mrs. Hyacinth Sr. 0/1/1/2 $31.70 #24
FOUNTAIN, Mrs. Jos. 0/1/2/3 $47.55 #15
HUDSON, Mrs. Henry 0/1/1/2 $31.70 #17
JACKOBEAR, Mrs. Peter 0/1/1/2 $31.70 #23
JOHNSTON. Mrs. Francis 0/1/2/3 $47.55 #16
KARROW, Mrs. Mary A. 0/1/1/2 $31.70 #30
KARROW, Mrs. Henry 0/1/3/4 $63.40 #9
KARROW, Mrs. Wm. 0/1/4/5 $79.25 #6
KARROW, Mrs. Edward 0/1/0/1 $15.85 #58
KARROW, Mrs. Joseph 0/1/4/5 $79.25 #4
KATHRON, Mrs. Michl. 0/1/1/2 $31.70 #26
KNIFFIN, Mrs. David 0/1/1/2 $31.70 #20
LABLANC, Mrs. Saml. 0/1/0/1 $15.85 #46
LANCOUR, Mrs. Jane 0/1/0/1 $15.85 #52
LASLEY, Mrs. Edward 0/1/5/6 $95.10 #3
LASLIN, Mrs. Jos. 0/1/0/1 $15.85 #41
LEDUKE, Mrs. Mary 0/1/0/1 $15.85 #59
LELONE, Mrs. Alixse 0/1/0/1 $15.85 #36
LELOTTE, Mrs. Chas. & Sisters 0/1/2/3 $47.55 #14
LELOTTE, Mrs. Jos. 0/1/1/2 $31.70 #33
LOUISIGNON, Mrs. Angelique 0/1/0/1 $15.85 #55
LOUISIGNON, Mrs. Roselie 0/1/0/1 $15.85 #48
MAILLETT, Mrs. Moses 0/1/0/1 $15.85 #54
MAISH TAW, Mrs. Louis 0/1/6/7 $110.95 #1
MAISH KO TAY GWAW NAY BE, Mrs. 0/1/3/4 $63.40 #13
MARTIN, Mrs. Francis 0/1/1/2 $31.70 #22
MARTIN, Mrs. Lezette 0/1/0/1 $15.85 #56
MCGULPHIN, Mrs. Benj. 0/1/0/1 $15.85 #50
MCGULPHIN, Mrs. Mary 0/1/0/1 $15.85 #53
MCGULPHIN, Mrs. Nancy 0/1/0/1 $15.85 #42
ME NAW SON, Mrs. Jos. 0/1/0/1 $15.85 #45
MOORE, Mrs. Daniel 0/1/1/2 $31.70 #19
MORAN, Mrs. Andrew 0/1/5/6 $95.10 #2

PELOTTE, Mrs. Ignatus 0/1/3/4 $63.40 #10
PERRIEN, Mrs. Isabella 0/1/1/2 $31.70 #25
RASTOUL, Mrs. Francis 0/1/3/4 $63.40 #12
RECKLEE, Mrs. Antoine 0/1/1/2 $31.70 #18
RICE, Mrs. Benj. 0/1/0/1 $15.85 #49
ROBINSON, Mrs. Angel. 0/1/0/1 $15.85 #60
ROBINSON, Mrs. David 0/1/1/2 $31.70 #34
ROUSSAIN, Mrs. Chas. 0/1/1/2 $31.70 #28
ST. ONGE, Mrs. Louis 0/1/0/1 $15.85 #47
TANNER, Mrs. Martha 0/1/0/1 $15.85 #38
VALLENCOUR, Mrs. Henry 0/1/0/1 $15.85 #51
VELLAIRE, Mrs. Thos. 0/1/1/2 $31.70 #29

AISH KE BAW GOSH'S BAND

A GAW GOW 1/0/1/2 $31.70 #21
AISH KE BAW GOSH, Chief 1/1/0/2 $31.70 #22
AW WAW NE KE ZHICK 1/0/0/1 $15.85 #31
AWN GE WE NAW 1/1/3/5 $79.25 #4
JOSETTE 0/1/0/1 $15.85 #33
KAY BAY AW SHE 1/1/1/3 $47.55 #16
KEY WE TAW WAW BE 1/1/0/2 $31.70 #19
KEY O QUO UM 1/1/1/3 $47.55 #14
KEY GE DO QUAY 0/1/0/1 $15.85 #36
KIN NE WE KE ZHICK 0/0/1/1 $15.85 #40
KKEY ME WANSE 1/1/3/5 $79.25 #5
MAW CHE GO NAY BE 1/1/2/4 $63.40 #8
MAW CHE WE TAW 1/1/2/4 $63.40 #7
MAY ME NAW WAW 1/1/1/3 $47.55 #17
MAY DWAY BAW GO 1/1/0/2 $31.70 #20
ME SAW GE QUAY & Sister 0/1/1/2 $31.70 #23
ME SHE KAY 1/0/0/1 $15.85 #30
NAW SAISH CAW MO QUAY 0/1/2/3 $47.55 #15
NAW NE CAW 1/0/1/2 $31.70 #28
NAY YAW WAW SUNG 1/1/0/2 $31.70 #27
NAY WAW DAY KE ZHICK 1/0/0/1 $15.85 #38
NE SHE NAW BAY QUAY 0/1/0/1 $15.85 #32
NE GAW NE QUAY 0/1/0/1 $15.85 #35
O NAY GAKE 1/1/2/4 $63.40 #10
O SHAW WAW SKO PE NAY SE 1/1/2/4 $63.40 #9
OTAW WAW QUAY 0/1/0/1 $15.85 #34
PAIM BAW TOE 1/1/1/3 $47.55 #13
PAW ME TE GO QUAY 0/1/6/7 $110.95 #2
PAY ME SAW AW 1/1/1/3 $47.55 #18
PE TAY 1/1/0/2 $31.70 #24
PO NE SAY 1/1/5/7 $110.95 #1
SAY SAY GO NAY QUAY 0/1/0/1 $15.85 #29
SHAY GO NAY BE 1/1/0/2 $31.70 #26
SHOW E GAW 1/0/0/1 $15.85 #37
STONEMAN, Geo. 1/1/0/2 $31.70 #25

TISH QUAY KE ZHICK 1/1/4/6 $95.10 #3
WAW KOONSE 1/0/0/1 $15.85 #39
WAW BIN DAW BE TOE 1/1/3/5 $79.25 #6
WAY ZHE BE 0/1/2/3 $47.55 #12
WE ZO 1/1/2/4 $63.40 #11

NE BE NAY KE ZHICK'S BAND

A SE BUN 1/1/4/6 $95.10 #2
CHAW BAW QUAY 1/1/3/5 $79.25 #7
CHE QUI OH 0/0/1/1 $15.85 #19
DOMINEKE 1/1/4/6 $95.10 #4
EMILY 0/1/0/1 $15.85 #15
JOSETTE & MARTINO 0/1/1/2 $31.70 #11
NAW BAW GAW WE NUM 0/1/1/2 $31.70 #12
NAW TAY, Mrs. 0/1/0/1 $15.85 #18
NE BE NAY KE ZHICK, Geo. 1/1/4/6 $95.10 #3
NE BE NAY KE ZHICK, Wm. 1/1/1/3 $47.55 #9
NE BE NAY KE ZHICK, Chief 1/1/3/5 $79.25 #5
PAY ME NAW WAW 1/1/6/8 $126.80 #1
ROBINSON, Mrs. Rix 0/1/1/2 $31.70 #13
ROBINSON, Mrs. S. T. 0/1/1/2 $31.70 #10
ROBINSON, Mrs. Henry 0/1/4/5 $79.25 #6
TROMBLY, Mary & Bro. 0/1/1/2 $31.70 #14
TRUCKEY, Joseph 1/0/0/1 $15.85 #17
WAW BE SKE MIN 0/1/0/1 $15.85 #16
WAW BAW SE GAY 1/1/2/4 $63.40 #8

MAW BEECE'S BAND

AW NE ME GAY 0/1/0/1 $15.85 #18
AW QUAY NE AW WAY 1/1/0/2 $31.70 #16
AW SE GOONSE 1/0/0/1 $15.85 #22
BAILEY, Francis 1/1/0/2 $31.70 #14
CAUB MO SAY, Wm. 1/1/0/2 $31.70 #13
CAUB MO SAY, Antoine 1/1/2/4 $63.40 #5
CHING GWON 1/1/1/3 $47.55 #6
KAW GE SHE SEH 1/1/1/3 $47.55 #8
KAW KAW NE 1/1/1/3 $47.55 #10
MAW BEECE, Chief 1/1/4/6 $95.10 #3
ME NAW CHE QUAY 0/1/0/1 $15.85 #21
ME TAW KOO 1/0/1/2 $31.70 #11
ME SE NAY BE QUAY 0/1/1/2 $31.70 #15
NAW GAW NE QUO UNG 1/1/6/8 $126.80 #1
O WISH TE AWE 0/0/1/1 $15.85 #20
O ZHE GAW BO WE QUAY 0/1/0/1 $15.85 #17
PAIM WE SHE WAY 0/0/1/1 $15.85 #23
PAW GAW CHE QUAY 0/1/2/3 $47.55 #7
PAY CAW NAW SE GAY 1/0/0/1 $15.85 #24
PE TO BICK 1/1/6/8 $126.80 #2

SHAW WAW NE KE ZHICK 1/1/3/5 $79.25 #4
SHAW BOO 1/0/0/1 $15.85 #19
SHAW BOO 1/1/0/2 $31.70 #12
WAW SAY YAW 0/1/2/3 $47.55 #9

ME TAY WIS' BAND

AISH KE BAW GAW SUNG 1/1/2/4 $63.40 #6
AW BE NAW BE 1/1/3/5 $79.25 #3
HENRY, Charles 1/0/0/1 $15.85 #25
KAW BE ME NE GAW NE 1/0/0/1 $15.85 #24
KAY SHE SHAW WAY QUAY 0/1/0/1 $15.85 #19
KEY O CUSH CUM 1/0/0/1 $15.85 #18
KEY WAY DE NO QUAY 0/1/1/2 $31.70 #11
KEY O CUSH CUM, Jac. 1/1/2/4 $63.40 #5
MAY DWAY WAY 1/1/0/2 $31.70 #12
ME TAY WIS, Chief 1/1/4/6 $95.10 #2
MEN DAW NO QUAY 0/1/1/2 $31.70 #13
NO DIN 0/0/1/1 $31.70 #17
NO TE NO KAY 1/1/5/7 $110.95 #1
O GAW BAY YAW 0/1/0/1 $15.85 #26
O SAW O BICK 1/1/1/3 $47.55 #9
O TISH PAW 0/1/0/1 $15.85 #20
PAW KE CAW NAW NAW QUOT 1/1/0/2 $31.70 #10
PAY BONE UNG 1/0/0/1 $15.85 #23
PAY BAW WE GAW BO WE 1/1/0/2 $31.70 #14
PE NAY SE QUAY'S Daughs. 0/0/2/2 $31.70 #15
SE BE QUAY 0/1/2/3 $47.55 #8
SHAW BWOS 0/1/0/1 $15.85 #21
SHING GO KEY 1/0/1/2 $31.70 #16
WALK SHE QUAY 0/1/0/1 $15.85 #22
WAUB SIN 1/1/3/5 $79.25 #4
WAW BE GWAINSE 1/1/1/3 $47.55 #7

SHAW BE QUO UNG'S BAND

A GAW WAW 1/1/5/7 $110.95 #2
AIN NE ME KE WAW 1/1/1/3 $47.55 #18
CRAMPTON, John 1/1/3/5 $79.25 #6
DOMINEKE, Simon 1/0/0/1 $15.85 #23
FOSTER, David K. 1/1/2/4 $63.40 #9
HOW DE DO 1/1/1/3 $47.55 #10
KAW GE GAY QUO UNG 1/0/0/1 $15.85 #27
KEY SIS O QUAY 0/1/0/1 $15.85 #29
MAW CAW DAY WAW GOOSH 1/0/0/1 $15.85 #26
MAY SE TAY 1/1/1/3 $47.55 #11
MAY CO TAY 1/1/3/5 $79.25 #7
ME SHAW QUAW DO QUAY 0/1/1/2 $31.70 #20
ME SUN ZEE 1/1/6/8 $126.80 #1
MICK SE NIN NE 1/1/4/6 $95.10 #4

MICK SE NIN NE'S Infant 0/0/1/1 $15.85 #28
NAW MAY GUSE 1/1/1/3 $47.55 #16
NO ZHE WAW NAW QUAW DO 1/0/1/2 $31.70 #21
PAY SHE NIN NE 1/1/1/3 $47.55 #14
PAY QUAY NAY SKUNG 1/1/1/3 $47.55 #13
SAY GAW QUAY NUNG 1/0/0/1 $15.85 #24
SHAW WAW NE KE ZHICK 1/1/4/6 $95.10 #3
SHAW BE QUO UNG, Chief 1/1/1/3 $47.55 #12
SQUAW JAW NUG 1/1/1/3 $47.55 #15
USH TAY QUOT 1/1/1/3 $47.55 #17
USH TAY QUOT, Wallace 1/0/0/1 $15.85 #25
WAW WE ESTOE 1/1/1/3 $47.55 #19
WAW WE NAY ME 0/1/0/1 $15.85 #22
WAW BE ME ME Q/Q/3/5 $79.25 #8
WAW SAY QUO UM 1/1/4/6 $95.10 #5

PAW BAW ME'S BAND

CHARLOTTE 0/1/0/1 $15.85 #28
HUDSON, James 1/1/1/3 $47.55 #22
KAW GE GAY MEIG 1/1/0/2 $31.70 #25
KAW GE SHE QUO UM 1/1/2/4 $63.40 #11
KAW GE SHE QUO UM, Jas. 1/1/1/3 $47.55 #23
KE TAW KE NIN NE 1/0/0/1 $15.85 #27
KE ZHE GO QUAY 0/1/0/1 $15.85 #32
KE WAY AW SHE 1/0/1/2 $31.70 #26
KEY WAN DAY WAY 1/1/2/4 $63.40 #12
MAW CAW DAY NAW QUOT, David 1/1/0/2 $31.70 #24
MAW CAW DAY WAW QUOT, Wm. 1/1/3/5 $79.25 #4
MWAY AW BAW TOE 1/0/3/4 $63.40 #8
NAW NE ME GAY 0/1/0/1 $15.85 #29
NAY NAW GO NAY BE 1/1/1/3 $47.55 #16
O CHE BWAW 0/1/0/1 $15.85 #30
O TISH QUAY AW BAW NO QUAY 0/1/0/1 $15.85 #31
PA CA NA BA NO, Jno. B. 1/1/5/7 $110.95 #2
PAW CAW NAWBAW NO, Peter $47.55 #19
PAW CAW NAW BAW NO 2/1/0/3 $47.55 #15
PAY BAW ME, Chief 1/1/2/4 $63.40 #10
PE NAY SE WE KE ZHICK 1/1/3/5 $79.25 #3
PE AW NO 1/1/2/4 $63.40 #14
PO NE SHING 1/1/1/3 $47.55 #21
ROBINSON, John R. 1/0/2/3 $47.55 #18
SHAY GO NAY BE 1/1/7/9 $142.65 #1
SHE GOG 1/1/3/5 $79.25 #5
SKIN NEECE 1/1/3/5 $79.25 #6
THERESA 0/1/2/3 $47.55 #20
TONCHEY, Jas. 1/1/1/3 $47.55 #17
WAW BE NE BE QUAY 0/1/3/4 $63.40 #9
WAW BE SHAY SHE QUAY 0/2/3/5 $79.25 #7
WE NON GAY 1/1/2/4 $63.40 #13

100

MAISH CAW'S BAND

AISH KE BAW NAW QUOT 1/1/1/3 $47.55 #13
AISH KE BAW GE NE GAY 1/1/2/4 $63.40 #4
AW BWAY QUO UM 1/1/1/3 $47.55 #14
CHE GAW WE QUAY 0/1/0/1 $15.85 #30
CONE, William 1/1/2/4 $63.40 #6
COTAY, Peter 1/0/0/1 #34
E TAW WAW GE WON 1/1/1/3 $47.55 #16
ELLIOTT, William 1/1/1/3 $47.55 #15
ELLIOTT, Joseph Jr. 1/1/0/2 $31.70 #28
ELLIOTT, David H. 1/1/2/4 $63.40 #3
ELLIOTT, Joseph 1/1/1/3 $47.55 #9
FITCH, Andw. M. 1/1/1/3 $47.55 #18
GENEREAU, Chas. 1/1/1/3 $47.55 #19
GENEREAU, Louis Sr. 1/1/1/3 $47.55 #11
GENEREAU, Louis Jr. 1/1/2/4 $63.40 #8
KAW GAY BEESH QUAY 1/1/0/2 $31.70 #26
KEY CHE O CUN, Louis 1/1/0/2 $31.70 #27
MAISH CAW, Chief 1/1/3/5 $79.25 #1
MAW OH 0/1/0/1 $15.85 #32
MAW CAW DAY O SAY 1/1/0/2 $31.70 #21
MAY ME SHAW WAY 1/1/0/2 $31.70 #23
ME SHE BE SHE 1/1/1/3 $47.55 #12
MICK WE NIN NE 1/0/0/1 #33
NAW WAW CHE NO DIN 1/1/0/2 $31.70 #25
NAW KAY O SAY 1/1/1/3 $47.55 #10
NAY CAW ME NE SAY 0/1/0/1 #35
NE DAW WAY QUAY 0/1/0/1/2 $31.70 #22
PAY BE SHAY 0/1/0/1 $15.85 #31
PE TO WE KE ZHICK 1/1/3/5 $79.25 #2
SAIN WICK 1/1/1/3 $47.55 #17
SHAW GAY SHE 1/1/0/2 $31.70 #24
SMITH John 1/1/2/4 $63.40 #7
TAY BAIN DAWN 1/0/0/1 $15.85 #29
TO NE BWAW 1/1/2/4 $63.40 #5
WALK SHE QUAY 0/1/1/2 $31.70 #20

AISH QUAY O SAY'S BAND

AISH QUAY O SAY, Chief 1/1/0/2 $31.70 #7
AISH QUAY GO NAY BE 1/0/0/1 $15.85 #9
AW ZHE WAY KE ZHICK 1/1/1/3 $47.55 #6
KAY WIS 1/1/4/6 $95.10 #2
KE SIS WAW BAY 1/1/3/5 $79.25 #5
ME SQUAW NAW QUOT 0/1/0/1 $15.85 #8
QUEEN GWO AW GAY 1/0/0/1 $15.85 #12
SHAW KO 1/0/0/1 $15.85 #11
SHAW BWAY WAY 1/1/4/6 $95.10 #4
SHAY NO KAY WAW 1/0/0/1 $15.85 #10

TUSH QUAY AW BAW NO 1/1/4/6 $95.10 #1
USH TAY AW SUNG 1/1/4/6 $95.10 #3

PAY QUO TUSK'S BAND

BAILEY, Battise 1/1/6/8 $126.80 #1
KAW GE GAY BE, Saml. 1/1/3/5 $79.25 #2
KEY SIS 1/0/0/1 $15.85 #13
KEY WAY GAW BO WE 1/1/1/3 $47.55 #6
ME TE MO SAY GAW 0/1/0/1 $15.85 #11
ME SE NAY BE QUAY 0/1/0/1 $15.85 #12
MEN SE NO SEAW 1/0/0/1 $15.85 #14
NE GAW NAW NAW QUOT 1/0/0/1 $15.85 #15
PAY QUO TUSK, John 1/1/0/2 $31.70 #8
PAY QUO TUSK, Chief 1/1/3/5 $79.25 #3
PE NAY SE WE KE ZHICK 1/1/3/5 $79.25 #4
QUAY SAW MO QUAY 0/1/2/3 $47.55 #7
SHAW WAN 1/0/0/1 $15.85 #10
SMITH, Mrs. David 0/1/3/4 $63.40 #5
WAW ZHOW 1/1/0/2 $31.70 #9

WAW BE GAY KAKE'S BAND

AW ZHE WAY KE ZHICK 1/1/1/3 $47.55 #7
AW ZHONCE 0/1/2/3 $47.55 #8
KEY NAY CHE WON 1/1/2/4 $63.40 #6
LAMARANDIERE, Aken 1/1/8/10 $158.50 #1
LAMARANDIERE, Alixse 1/1/6/8 $126.80 #2
MAW CHE O QUIS 1/1/0/2 $31.70 #11
ME SAW CAW ME GO QUAY 0/1/0/1 $15.85 #15
ME SKO GWON 0/0/1/1 $15.85 #16
NE SAW KEE 1/1/1/3 $47.55 #9
O WAW NE KE WAIN ZE 1/0/1/2 $31.70 #10
PAY ME SAW AW 1/1/3/5 $79.25 #5
PAY SHE KE ZHICK 1/1/4/6 $95.10 #4
QUAW QUAW 0/1/1/2 $31.70 #12
WAW BE GAY KAKE, Chief 1/1/4/6 $95.10 #3
WAW BE TANG GUAY SE 1/0/1/2 $31.70 #14
WAW BE GAY KAKE, Wm. 1/1/0/2 $31.70 #13

PAY SHAW SE GAY'S BAND

AIN NE ME KEECE 1/0/1/2 $31.70 #23
AIN NE WE KE QUAY 0/1/1/2 $31.70 #16
ANGELIQUE 0/1/1/2 $31.70 #24
AW ZHE WATCH, Moses 1/1/3/5 $79.25 #9
AW NO WAY QUAY 0/1/2/3 $47.55 #10
BATTISE, John 1/1/4/6 $95.10 #5
DEVERNEY, Chas. 1/1/1/3 $47.55 #11
KAY SHAW TAY, Wm. 1/1/0/2 $31.70 #19

KAY BAY O SAY, Louis 1/1/3/5 $79.25 #8
KEY WE WON 1/1/1/3 $47.55 #15
KEY ZHE GO PE NAY SE 1/1/1/3 $47.55 #12
MCGULPHIN, Matthew 1/1/0/2 $31.70 #20
ME NO MAW NE, Jno. B. 1/1/0/2 $31.70 #18
NON GO SAY 1/1/1/3 $47.55 #14
O ZHE GE NE GAY GAW 1/1/5/7 $110.95 #4
PAY BAW ME 1/0/0/1 $15.85 #26
PAY SHAW SE GAY, Chief 1/1/1/3 $47.55 #13
PE TAW BUN 0/1/1/2 $31.70 #21
PE NAY SE QUAY 0/1/1/2 $31.70 #22
PERRISSA, Jno. B. 1/1/6/8 $126.80 #3
ROBINSON, Mrs. Henry 0/1/8/9 $142.65 #2
SAMUEL 1/1/3/5 $79.25 #7
SHAW BWAW SE GAY 1/1/7/9 $142.65 #1
SHAW SHAW NAW NAY BEECE 1/1/3/5 $79.25 #6
SHAY AW SE NO QUAY 0/1/1/2 $31.70 #17
WAW KASE 0/1/0/1 $15.85 #25

KAW GAY GAW BO WE'S BAND

AIN NE MWAY WAY 1/1/1/3 $47.55 #10
AIN NE ME KE WAY 1/1/2/4 $63.40 #5
AW SAW MAY KE ZHICK 1/1/1/3 $47.55 #11
AW BE TAW SE GAY 1/1/1/3 $47.55 #16
CHING GAW QUO UM 1/1/2/4 $63.40 #6
CHING GAW QUO UM'S Infant 0/0/1/1 $15.85 #29
KAW GAY GAW BO WE, Chief 1/1/1/3 $47.55 #9
KEY CHE 1/0/0/1 $15.85 #24
KEY WAY CUSH CUM 1/1/1/3 $47.55 #13
MME SKO TAY SE MIN 1/1/1/3 $47.55 #15
MO SAY QUAY 0/1/0/1 $15.85 #25
NE GAW NE SAY 1/1/0/2 $31.70 #18
NE O BE 1/1/13 $47.55 #14
O GE MAW PE NAY SE 1/2/0/3 $47.55 #17
O PE TAW 0/1/0/1 $15.85 #26
PAW QUAW GE QUAY 0/0/1/1 $15.85 #28
PAY BAW WE SAY 1/0/0/1 $15.85 #27
PAY SHE QUAW NO QUOSH 1/1/2/4 $63.40 #8
PAY SHAW NAW QUOT 1/1/0/2 $31.70 #20
PE TAW WAW NAW QUOT 1/1/0/2 $31.70 #19
PE NAY SE WAW NAW QUOT 1/1/2/4 $63.40 #7
PE NAY SE WAW BE 1/1/4/6 $95.10 #2
SAW GOTCH 0/1/1/2 $31.70 #23
SHAW, Addison C. 1/1/1/3 $47.55 #12
SHAY YAW 0/1/1/2 $31.70 #21
TAY BAW SE KE ZHICK WAY UM 1/1/5/7 $110.95 #1
TO TO GE TOE 1/1/4/6 $95.10 #3
TONG GUISH 1/1/3/5 $79.25 #4
WAY ZHE O QUAY 0/1/1/2 $31.70 #22

KAW BAY O MAW'S BAND

AIN NE ME KE WAY 1/1/3/5 $79.25 #5
BUG E GE MON 1/1/0/2 $31.70 #14
DONEGAY, Jos. 1/1/2/4 $63.40 #9
KAW BAY O MAW, Chief 1/1/5/7 $110.95 #1
KAY KAY KAW ME 1/1/3/5 $79.25 #6
MAW BEECE 0/0/1/1 $15.85 #18
MAW NE DONSE 1/0/0/1 $15.85 #16
MAY YAW O BAY 1/1/1/3 $47.55 #11
ME SHE GAY KAKE, Jos. 1/1/0/2 $31.70 #15
NAW GAW NE QUO UNG 1/1/1/3 $47.55 #12
NAW O QUAY GE ZHE GO QUAY 0/1/5/6 $95.10 #3
NIN GAW SOME 1/1/4/6 $95.10 #2
NIN DO NE GAY 1/0/3/4 $63.40 #7
PE ANE 1/1/3/5 $79.25 #4
SHAW WAW NAW SE GAY 1/1/1/3 $47.55 #10
SHAW MWAY WAY GE WON 1/0/0/1 $15.85 #17
WAW BAW NE BE QUAY 0/1/1/2 $31.70 #13
WAY WIN DAW NAW QUAW DO QUAY 0/1/3/4 $63.40 #8

MAISH KE AW SHE'S BAND

AW ME KOONSE Jr. 1/1/1/3 $47.55 #5
AW BE ME QUAW 0/1/0/1 $15.85 #7
KAY GWAY DAW SUNG 1/1/3/5 $79.25 #1
KIN NAY BICK 1/1/2/4 $63.40 #2
MAISH KE AW SHE, Chief 1/1/0/2 $31.70 #6
NAW KAY O SAY 1/1/2/4 $63.40 #3
O BE MAW CHE WON 0/0/1/1 $15.85 #8
SHAW WAW NE PE NAY SE 1/1/2/4 $63.40 #4

CHING GWAW SHE'S BAND

AW NE ME QUO UM 1/1/0/2 $31.70 #14
AW KO ZHAY 1/1/1/3 $47.55 #11
AW ME KOONSE Sr. 1/1/2/4 $1/1/2/4 $63.40 #7
CHING GWAW SHE, Chief 1/1/4/6 $95.10 #4
MAY CAW TAY WAW 1/1/1/3 $47.55 #10
ME TAY QUAY 0/1/0/1 $15.85 #17
MWAY AW BAW TOE 1/1/4/6 $95.10 #1
NAW BAW NAY NOSE 1/0/0/1 $15.85 #16
NE O BE 1/1/4/6 $95.10 #2
O PE GO 1/1/3/5 $79.25 #5
OTTAW WAW QUAY 0/1/0/1 $15.85 #18
PAY QUAY 1/1/4/6 $95.10 #3
PAY QUO TUSK, Joseph 1/1/1/3 $47.55 #9
PE SKO NOTE & Bro. 1/0/1/2 $31.70 #12
PO KEY BE 0/1/0/1 $15.85 #15
SHAW WAW NAW SE GAY 1/1/3/5 $79.25 #6

SHE MAW GAW 1/1/1/3 $47.55 #8
WAW BE NE BE QUAY 0/1/1/2 $31.70 #13

PE NAY SE'S BAND

AISH QUAY TAW GAW 1/1/1/3 $47.55 #18
ANDERSON, Mrs. Jac. 0/1/3/4 $63.40 #11
AW NAW NAW QUOT 1/1/1/3 $47.55 #16
AW BWAY QUO UM 1/1/3/5 $79.25 #4
BEDDOE, Michl. & Geo. 1/0/1/2 #29
BEDDOE, Jos. & Niece 1/0/1/2 #30
BEDDOE, William 1/0/0/1 $15.85 #31
CHING GWAW, Jos. 1/0/0/1 $15.85 #37
CURTIS, Helen 0/1/0/1 $15.85 #46
DEVERNEY, Eli 1/0/1/2 $31.70 #25
DEVERNEY, Mrs. Peter 0/1/2/3 $47.55 #17
DUCHENE, Minne 0/0/1/1 $15.85 #43
GENIA, Mrs. Chas. 0/1/1/2 $31.70 #24
HYDE, Mrs. Danl. 0/1/3/4 $63.40 #6
KAW BE NAW 1/0/0/1 $15.85 #33
KEY WAY QUO UM 1/1/2/4 $63.40 #10
KEY SHE GE WAW 0/1/0/1 $15.85 #39
KIN NE QUAY 0/1/1/2 $31.70 #23
KUSH KE MAW NE SAY 1/1/4/6 $95.10 #1
LARAWAY, Mrs. Wallace 0/1/3/4 $63.40 #12
MAW CHE AW SE GAY QUAY 0/0/1/1 $15.85 #40
MICK SAY BAY, Joseph 1/1/2/4 $63.40 #5
NAW TAY, William 1/0/1/2 $31.70 #28
PE NAY SE QUAY'S Child 0/0/1/1 $15.85 #32
PE NAY SE, Chief 1/1/1/3 $47.55 #20
POOLE, Mrs. Jac. 0/1/1/2 $31.70 #26
RESSETTE, Aken 1/1/2/4 $63.40 #9
ROBINSON, Mrs. Geo. 0/1/2/3 $47.55 #19
SAW GAW NE QUO UM, Louis 1/1/2/4 $63.40 #13
SAW WAW SAY QUAY 0/1/0/1 $15.85 #44
SHAW SHAW GWAY SHE, Peter 1/0/0/1 $15.85 #41
SHAW WAW NE KE ZHICK 1/1/3/5 $79.25 #3
SHAW SHAW GWAY SHE, Robert 0/0/1/1 $15.85 #42
SNAY, Mrs. Sol. 0/0/4/4 $63.40 #7
SPIDER, Mrs. Jac. 0/1/3/4 $63.40 #8
STE. PERRIE, Mary Ann 0/1/0/1 $15.85 #35
STE. PERRIE, Alixse 1/0/0/1 $15.85 #34
STE. PERRIE, Antoine 1/0/0/1 $15.85 #36
TAY GWAW SUNG, James 1/1/3/5 $79.25 #2
TAY GWAW SUNG, Peter 1/1/1/3 $47.55 #21
TROMBLY, Benj. 0/0/1/1 $15.85 #38
TROMBLY, Louis 1/1/1/3 $47.55 #14
TRUCKEY, Awtwaince 1/0/1/2 $31.70 #27
VANDERBURGH, Nellie 0/1/0/1 $15.85 #45
WAW BAW SO WAY'S Chn. 0/0/2/2 $31.70 #22

WEBB, Mrs. Chas. 0/1/2/3 $47.55 #15

AW KE BE MO SAY'S BAND

AW KE BE MO SAY, Chief 1/1/2/4 $63.40 #3
KAY TAW GE GO NAY BE 1/1/4/6 $95.10 #1
KEY WAY DE NAW QUO UM 1/0/0/1 $15.85 #14
NAY AW NAW QUAW DO QUAY 0/1/2/3 $47.55 #6
NAY WAW DAY GE ZHE GO QUAY 0/1/1/2 $31.70 #10
NAY WAW DAY KE ZHICK 1/1/2/4 $63.40 #5
O GAW BAY GE ZHE GO QUAY 0/1/0/1 $15.85 #13
OJIB WAY QUAY 0/1/0/1 $15.85 #15
PAW PAW SAW GE NUM 0/1/1/2 $31.70 #12
PAY SHE GO BE 1/0/2/3 $47.55 #8
QUAY KE CHE WON 1/1/3/5 $79.25 #2
SAW GAW NIN NE A BE 1/1/0/2 $31.70 #11
TAY TAW GWAW SUNG 1/1/1/3 $47.55 #7
WAW BE MAW ING GUN 1/1/0/2 $31.70 #9
WAW BIN DAW GAW NAY 1/1/2/4 $63.40 #4

ME TAY O MEIG'S BAND

AISH QUAISH 1/1/4/6 $95.10 #5
AW BE TAW SUNG 1/0/2/3 $47.55 #10
AW NE ME QUO UM 1/0/0/1 $15.85 #19
AWN GE NE KE ZHICK 1/0/0/1 $15.85 #23
CHE NE WAY, Sol. 1/1/3/5 $79.25 #8
KAY KAKE 1/0/0/1 $15.85 #21
KE ZHE GO QUAY 0/1/2/3 $47.55 #11
KE ZHICK 1/1/3/5 $79.25 #7
ME NAW QUOT 1/1/1/3 $47.55 #13
ME TAY O MEIG, Chief 1/1/4/6 $95.10 #3
NAY AW BE TUNG 1/1/4/6 $95.10 #6
NE BAW MO QUAY 0/1/0/1 $15.85 #18
O GAW BAISH CAW MO QUAY 0/1/0/1 $15.85 #22
O GE MOS, James 1/1/5/7 $110.95 #1
PAW TWAY WE TUNG 1/1/4/6 $95.10 #4
PAY SHE NIN NE QUAY 0/1/2/3 $47.55 #12
PE TAW WAW NAW QUOT 0/1/1/2 $31.70 #16
PE TAW QUO AW MO QUAY 0/1/5/6 $95.10 #2
PO QUAW KE NE GAW 1/0/0/1 $15.85 #25
QUAY TAW BE QUAY 0/1/1/2 $31.70 #15
QUAY CO CHE 1/0/2/3 $47.55 #14
SANS SWAY 1/0/0/1 $15.85 #20
WAIN BE PE NAY SE 1/0/0/1 $15.85 #24
WAIN ZHE KE TAW SO 1/1/2/4 $63.40 #9
WAY WE NAW SHE 1/0/1/2 $31.70 #17

MAY ME SHE GAW DAY'S BAND

AW ZHE NAW BE ME 1/1/0/2 $31.70 #15
AW NIN NE WAY QUAY 0/1/1/2 $31.70 #18
AW ZHE TAY AW SUNG 1/1/3/5 $79.25 #4
AW BE TAW SE GAY 1/1/2/4 $63.40 #7
BELL, Aken 1/1/1/3 $47.55 #9
KAW WE TAW KE ZHICK 1/1/3/5 $79.25 #3
KAW BAISH CAW MO QUAY 0/1/1/2 $31.70 #14
KE SIS 1/0/0/1 $15.85 #20
KEY GOW 1/0/1/2 $31.70 #19
MACKIE 0/0/1/1 $15.85 #22
MAW CAW DAY WE NUM 1/1/4/6 $95.10 #2
MAY ME SHE GAW DAY, Chief 1/0/0/1 $15.85 #29
ME SHE GAY KAKE 1/1/2/4 $63.40 #5
ME SAW BAY 1/1/4/6 $95.10 #1
MOOSE E QUAY 0/1/1/2 $31.70 #16
NE BE NAW SHE 1/1/1/3 $47.55 #10
NING GO TWAY 1/1/1/3 $47.55 #13
O TAY ZHE'S Son 0/0/1/1 $15.85 #23
O WAW NE KEY 1/1/2/4 $63.40 #8
O BAW NE BAW SE NO QUAY 0/1/0/1 $15.85 #31
PAY MAW ME 0/1/0/1 $15.85 #25
PE NAY SE WE KE ZHICK 1/0/0/1 $15.85 #27
PE NAY SE QUAY'S Son 0/0/1/1 $15.85 #24
PE NAY SE NAW BE QUAY 0/1/1/2 $31.70 #17
PON TI AC 1/1/2/4 $63.40 #6
QUAY QUAY CHE ME 1/1/1/3 $47.55 #12
SANS SWAY 1/0/0/1 $15.85 #26
SAW GAW SE GAY 1/0/2/3 $47.55 #11
SHAY ZHOSE 0/1/0/1 $15.85 #30
SILAS 1/0/0/1 $15.85 #21
TAW BAW SOSH 0/0/1/1 $15.85 #28
WAY ME GWANSE 1/0/0/1 #15.85 #32